职业院校课程改革特色教材（汽车类）

ZHIYE YUANXIAO KECHENG GAIGE TESE JIAOCAI (QICHELEI)

汽车维护一体化学生手册

（第2版）

■ 车小平　总主编

黄勇南　郑光就　李高任　主编

侯　骏　李国君　李善吾　陈长华　副主编

人 民 邮 电 出 版 社

北　京

图书在版编目（CIP）数据

汽车维护一体化学生手册 / 黄勇南，郑光就，李高任主编. -- 2版. -- 北京 : 人民邮电出版社，2018.9
职业院校课程改革特色教材. 汽车类
ISBN 978-7-115-48966-1

Ⅰ. ①汽… Ⅱ. ①黄… ②郑… ③李… Ⅲ. ①汽车—车辆修理—高等职业教育—教学参考资料 Ⅳ. ①U472.4

中国版本图书馆CIP数据核字(2018)第166473号

内容提要

本书以工作过程为导向，采用理论与实践一体化教学的方式组织内容，每个项目来源于企业的典型案例。本书与《汽车维护一体化教程（第 2 版）（附微课视频）》相互配合使用，主要内容包括汽车维护知识，定期维护项目之车身检查，定期维护项目之汽车底部检查，车轮轴承、轮胎和制动器检查，制动器拖滞检查和车轮安装，发动机室的检查，复查工作，恢复清洁，道路检测等。通过学习和训练，学生不仅能够掌握汽车维护知识，而且能够掌握汽车维护工作流程和技能，达到中级汽车维修工的水平。

本书既可作为中、高等职业技术学院汽车应用类专业的教学用书，也可供有关技术人员参考、学习、培训之用。

◆ 主　　编　黄勇南　郑光就　李高任
副 主 编　侯　骏　李国君　李善吾　陈长华
责任编辑　刘　佳
责任印制　马振武

◆ 人民邮电出版社出版发行　北京市丰台区成寿寺路 11 号
邮编　100164　电子邮件　315@ptpress.com.cn
网址　http://www.ptpress.com.cn
北京市艺辉印刷有限公司印刷

◆ 开本：787×1092　1/16
印张：9.5　　2018 年 9 月第 2 版
字数：163 千字　　2018 年 9 月北京第 1 次印刷

定价：29.80 元

读者服务热线：(010)81055256　印装质量热线：(010)81055316
反盗版热线：(010)81055315
广告经营许可证：京东工商广登字 20170147 号

汽车维护一体化学生手册（第2版）

编　委　会

前言（第2版）

PREFACE

汽车维护是汽车维修的典型工作任务之一，是汽车维修技术人员的典型工作内容，是汽车维修技术技能人才必须掌握的技能，也是中职汽车维修专业的一门重要的专业核心课程。

本书是与《汽车维护一体化教程（第2版）》相互配合使用的辅助教材。按照职业岗位的专项工作任务及工作过程的逻辑关系，把汽车维护的9个工作任务共20个专项工作，确定为9个项目共20个项目单元。

通过本书9个项目共20个项目单元的学习和训练，学生不仅能够掌握汽车维护知识，而且能够掌握汽车维护的方法和操作技能，达到中级汽车维修工的水平。

本书的参考学时为60～78学时，建议采用理论实践一体化教学模式，各项目的参考学时见下面的学时分配表。

学时分配表

项　　目	课 程 内 容	学　　时
项目一	汽车维护知识	2～4
项目二	定期维护项目之车身检查	16～18
项目三	定期维护项目之汽车底部检查	14～16
项目四	车轮轴承、轮胎和制动器检查	8～10
项目五	制动器拖滞检查和车轮安装	2～4
项目六	发动机室的检查	10～12
项目七	复查工作	2～4
项目八	恢复清洁	2～4
项目九	道路检测（选修章节）	4～6
课时总计		60～78

由于编者水平有限，书中难免有欠妥之处，恳请广大读者批评指正。

编者

2018年4月

CONTENTS 目录

项目一 1 汽车维护知识

项目单元一 汽车维护基本知识

学习目的

知识要点

① 了解我国汽车维护的制度和目的。

② 了解汽车维护的级别、汽车各类维护作业周期及中心内容。

一、汽车维护的制度、目的和必要性

1．汽车维护制度

汽车维护制度是指对汽车进行维护工作而规定的技术性组织措施，是贯彻安全第一、预防为主的方针，保障汽车运行安全的基本制度。汽车维护应贯彻预防为主，执行强制维护的原则，保持车容整洁，及时发现和消除故障、隐患，防止汽车早期磨损。汽车维护作业包括清洁、检查、补给、润滑、紧固、调整等，除非出现主要总成发生故障必须解体的情况，否则不得对其解体。

2．汽车维护的目的

汽车由大量的零部件构成，随着车辆使用时间的增加和使用条件的变化，会受到磨损、老化或腐蚀而降低性能。可评估出这些零部件的性能降低程度，从而进行定期维护，通过调整和更换来保持其性能。

3．汽车维护的必要性

（1）汽车维护是汽车的健康诊断。

车辆在使用过程中，各个部分不可避免地会产生磨损老化，在这种状态下继续使用会导致车辆性能降低、发生故障。因此，必须进行定期检查，进行必要的维修和更换必要的零部件，以延长汽车的使用寿命。

（2）定期补充或更换油脂、液类用品。

为了使发动机、变速箱、离合器、制动系统、蓄电池等正常工作，定期补充或更换油脂类（机油）和液类（制动液、蓄电池电解液、冷却液等）用品是非常重要的。这些油液用品具有润滑、冷却、防锈等作用，其在使用过程中会逐渐减少、变脏，这是造成汽车零部件工作性能降低和产生故障（烧蚀、工作不良）的重要原因。

（3）定期检查保养、更换新橡胶带。

汽车中使用了大量的皮带。例如，风扇皮带、正时皮带、动力转向传动皮带等，这些皮带都是用橡胶做成的。橡胶具有柔软性，但长时间使用易老化。橡胶皮带如果使用时间久了，就会出现裂痕（龟裂）甚至断裂，造成发动机破损、转向盘变重。针对这些潜在故障，对皮带等橡胶部件进行定期的检查保养或更换是非常重要的。

另外，刹车软管、散热器软管等也是由橡胶做成的，出现劣化等现象也是不可避免的。特别是刹车软管，仅凭外观可能无法判定其好坏，必须定期检查或更换。

（4）定期保养磨耗（磨损）零部件。

汽车制动摩擦衬片、轮胎等零部件，随着其发挥作用也会不断磨耗。而这些零部件也有一定使用限度（磨耗限度），并不是可以永久使用的。如果超磨耗限度使用，不仅会发生故障，而且还会造成事故。因此，定期检查和适时更换是十分必要的。

二、汽车维护的类别和作业周期

1．汽车维护类别（Class of Vehicle Maintenance）。

汽车维护按汽车运行间隔期、维护作业内容或运行条件等划分为不同类别或等级。汽车维护可分为日常维护、一级维护、二级维护。

（1）日常维护（Daily Maintenance）。

日常维护是以清洁、补给和安全性能检视为中心内容的维护作业。

（2）一级维护（Elementary Maintenance）。

一级维护是除日常维护作业外，以润滑、紧固为作业中心内容，并检查有关制动、操纵等系统中的安全部件的维护作业。

（3）二级维护（Complete Maintenance）。

二级维护是除一级维护作业外，以检查、调整制动系统、转向操纵系统、悬架等安全部件，并拆检轮胎，进行轮胎换位，检查调整发动机工作状况和汽车排放相关系统等为主的维护作业。

2．汽车各类维护作业周期

汽车维护周期是指进行同级维护之间的间隔里程或间隔时间。

汽车维护必须遵照道路运政管理机构或汽车制造厂《汽车使用说明书》规定的间隔里程或间隔时间，按期执行。各级维护项目和周期的规定，必须根据汽车结构性能，使用条件、故障规律、配件质量及经济等情况综合考虑。

例如，日本丰田汽车规定的维护保养包括以下几项。

（1）日常检查保养。

汽车日常使用中，可依据行驶距离、时间以及车辆行驶时的状态来判断实施检查保养的适当时间。日常检查保养由车主自行实施。

（2）定期检查保养。

汽车每行驶 5 000km 或每隔 6 个月需要进行定期检查保养。

（3）定期检查保养的方式。

丰田指定的检查保养项目和检查时间是以 6 个月行驶约 5 000km 的轿车（私家车）为对象进行设定的，可分为 5 000km 或 6 个月、10 000km 或 12 个月、15 000km 或 18 个月、20 000km 或 24 个月、25 000km 或 30 个月依次类推到 100 000km 或 120 个月。其中，在 40 000km 或 48 个月和 80 000km 或 96 个月的检查保养周期时，检查保养的项目最多、最全面。表 1-1 列出部分时间的定期检查保养项目。行驶条件明显不同时，需比这个期限更早地进行检查保养。

维护的方法是日常维护加定期维护。

表 1–1　　丰田汽车定期检查保养项目和检查时间

	检查项目	5 000km 或 6 个月	10 000km 或 12 个月	15 000km 或 18 个月	20 000km 或 24 个月	25 000km 或 30 个月	40 000km 或 48 个月
发动机 基本部件	正时皮带						
	气门间隙						
	传动皮带	√			√		√
	机油	√	√	√	√	√	√
	机油滤清器	√	√		√		√
	冷却和加热系统						√
	发动机冷却液	√					√
	排气管和装配件				√		√
	变换器冷却液	√					
点火系统	火花塞				√		√
	蓄电池	√	√		√		√
燃油和 排气控制 系统	燃油滤清器						
	空气滤清器	√	√		√		√
	燃油箱盖、燃油管、接头和燃油蒸气控制阀						√
	活性炭罐						√
底盘和 车身	离合器踏板	√					√
	制动器踏板和驻车制动器	√	√		√		√
	制动摩擦片和制动鼓				√		√
	制动摩擦衬块和制动盘		√		√		√
	制动液	√	√		√		√
	离合器液	√	√		√		√
	制动管路和软管	√			√		√
	动力转向液	√	√		√		√
	转向盘、连杆和转向机	√	√		√		√
	传动轴套				√		√
	手动变速器油						√
	自动变速器油						√
	混合动力传动桥液						√
	差速器油				√		√
	前后悬挂装置	√	√		√		√
	轮胎和充气压力	√	√		√		√
	灯光、喇叭、刮水器和清洁器	√	√		√		√
	空调滤清器				√		√
	空调冷却剂	√			√		√

项目单元二 汽车维护工作的安全知识

学习目的

1．知识要点

① 了解汽车维护作业的安全知识。

② 了解个人维护作业的安全知识。

2．技能要点

① 掌握汽车维护作业安全知识。

② 掌握个人维护作业安全方法。

一、汽车维护作业安全知识

1．汽车维护作业的准备和场所

（1）切勿在阻碍行人或阻碍交通的地方进行检查。如不仔细确认周围的安全，则容易发生意外事故。

（2）请不要在倾斜的地方进行检查，会有因汽车滑动而造成伤害的危险。而且在倾斜的地方检查油量和液量时，也无法进行正确测量。

（3）请在驻车制动后，直至车轮转动停止时再进行检查。如果驻车制动不完全或车轮转动没有停止时就进行检查，会因汽车滑动造成意外事故。

（4）汽车上备置的千斤顶，仅在轮胎更换或安装轮胎链条（防滑链）时使用，请勿在检查保养中使用。在抬起汽车时，请使用合适的举升设备，切实地固定汽车。在车体较为锋利的部位等进行操作时，为不使手部受伤，建议使用保护手套。

2．发动机室内的检查

（1）切勿在发动机工作状态下进行检查。在发动机运转中，如果手接触到皮带或风扇等的旋转部位，会被卷入，引发意外事故。而且，如果接触到火花塞和高压线等电气系统，则会发生触电事故，十分危险。

（2）切勿在点火电路接通或工作状态下进行检查。另外，冷却风扇即使一时停止，但在冷却水温度很高的情况下仍可能再次自动起动，进而会导致作业伤害。

（3）发动机停机后不久，切勿接触排气管、散热器等高温部位，会有烧伤的危险。

（4）切勿在发动机室内放置物品，特别是纸、布或其他易燃物品。如果放置后忘记取走，则可能会起火，十分危险。

二、个人维护作业安全知识

1．安全的重要性

（1）重视安全工作，防止事故伤害到自己。

（2）如果在工作中受伤，将不仅会影响到自己，而且也会对你的家庭、工作造成影响。

2．事故因素

（1）人为因素造成的事故。

该事故是指由于不正确使用机器或工具，穿着不合适的衣物，或由于技术人员不小心造成的事故，如图 1-1～图 1-3 所示。

（2）自然因素造成的事故。

该事故是指由于机器或工具出现故障，缺少完整的安全装置，或者工作环境不良造成的事故，如图 1-4 所示。

图 1-1　维护员疏忽大意示意图

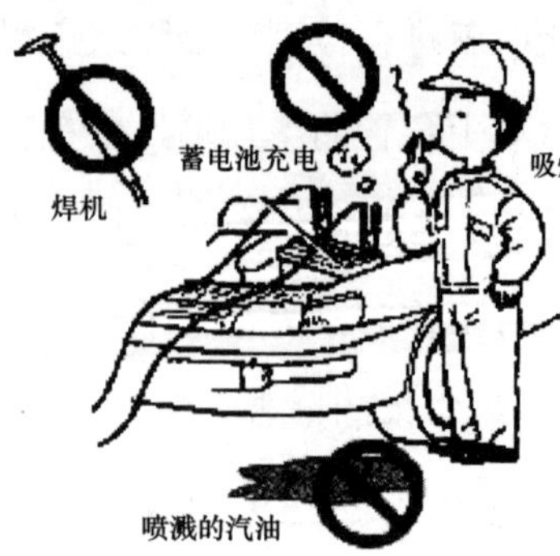

图 1-2　技术员不良习惯因素示意图

图 1-3　技术员操作不正确因素示意图

图 1-4　工作环境不良（无通风装置）示意图

项目二 2 定期维护项目之车身检查

学习目的

一、定期检查保养的方式

丰田指定的检查保养项目和检查时间，是以 6 个月行驶约 5 000km 的轿车（私家车）为对象进行设定的。行驶条件明显不同时，需比这个期限更早地进行检查保养。

例如，日本丰田汽车的维护周期以及维护的项目内容是以 6 个月约 5 000km 进行设定的，可分为 5 000km 或 6 个月、10 000km 或 12 个月、15 000km 或 18 个月、20 000km 或 24 个月、25 000km 或 30 个月依次类推到 100 000km 或 120 个月。其中，在 40 000km 或 48 个月和 80 000km 或 96 个月的检查保养周期检查保养的项目最多且最全面。

二、维护的方法是日常维护加定期维护

目前在我国大部分汽车的各级维护项目和周期是根据该汽车的汽车制造厂《汽车使用说明书》规定的里程或间隔时间，按期强制执行的。

三、提高汽车维护检查工作效率

在进行汽车外部检查时，将汽车停放在地面，如图 2-1 所示。检查人员可以按图 2-2 所示绕车身一圈。从左前门检查开始、再到左后门、后部、备胎、油箱盖、右后门、右前门、前部。这样可以通过缩短行程距离，减少走动次数，减少不合理的工作点，将尽可能多的工作集中在同一点，并一次做完。

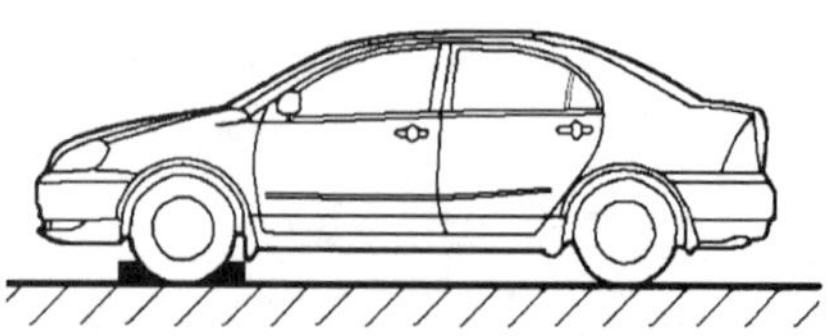

图 2-1　停放位置示意图

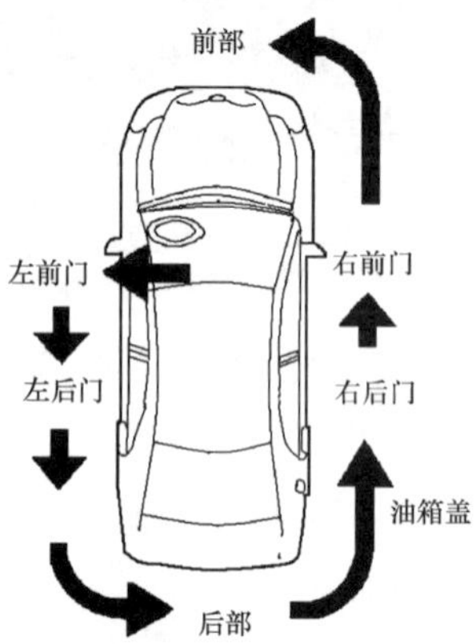

图 2-2　汽车外部检查工作流程示意图

项目单元一 汽车车身检查预检工作

学习目的

1. 知识要点

了解汽车车身检查预检工作内容。

2. 技能要点

掌握汽车车身检查预检工作方法。

一、汽车车身检查预检工作内容

（1）车轮挡块安装。

（2）拉起驻车制动杆。

（3）驾驶室内的准备工作。

① 拉起发动机舱盖、油箱盖及行李箱盖释放杆，将顶灯开关转动至“DOOR”。

② 安装好座椅套、转向盘套及地板垫，甚至应该安装手刹杆套和挂挡杆套。

（4）车辆前部的准备工作。

拉起发动机舱盖释放杆后，打开发动机舱盖，安装翼子板布和前格栅布。

二、理论知识题（20分）

1. 填空题（10分）

（1）__________是定期维护保养的准备工作。

（2）车轮挡块安装在前左车轮__________，主要是防止车辆在没有起动时，就__________，或防止驾驶员不小心在挂挡时起动发动机，而使车辆__________。

（3）拉起驻车制动杆，可以防止操作人员误挂入挡位，从而使车辆向__________；或当车辆在有坡度的地方驻车时，稳住车辆。

2. 问答题（10分）

（1）汽车外部检查为什么要安装好座椅套、转向盘套及地板垫，并安装翼子板布和前格栅布？

（2）在进行汽车外部检查工作时，为什么要拉起驻车制动杆？

三、实践操作题（40 分）

按照汽车车身检查的各项预检工作操作规程进行操作。在完成各项操作后，在汽车车身检查预检工作项目学生自我考核评价表的检查情况栏内打勾或记录检查数据，在自我评价栏内打勾，在学生自评成绩栏内做学生自评成绩，如表 2-1 所示。

表 2-1　　汽车车身检查预检工作项目学生自我考核评价表

维护项目作业顺序及项目作业确认、自我评价和学生自评成绩				
定期保养项目（预检工作）				
序号	检查部位	检查项目	检查情况	自我评价
1	驾驶员座椅	拉起驻车制动杆	拉满行程使车辆被可靠制动	会　否
		安装座椅套	准确安装	会　否
		安装地板垫	准确安装	会　否
		安装转向盘套	准确安装	会　否
		拉起发动机舱盖释放杆	发动机舱盖被释放	会　否
		拉起油箱盖释放杆	油箱盖被释放	会　否
		拉起行李箱盖释放杆	行李箱盖被释放	会　否
		将顶灯开关转动至“DOOR”	顶灯开关转动至“DOOR”位置	会　否

续表

<table>
<tr><td colspan="5">维护项目作业顺序及项目作业确认、自我评价和学生自评成绩</td></tr>
<tr><td colspan="5">定期保养项目（预检工作）</td></tr>
<tr><td>序号</td><td>检查部位</td><td>检查项目</td><td>检查情况</td><td>自我评价</td></tr>
<tr><td rowspan="4">2</td><td rowspan="4">车辆前部</td><td>打开发动机舱盖</td><td>将支撑杆插入槽中使发动机舱盖保持在打开状态</td><td>会 否</td></tr>
<tr><td>安装翼子板布</td><td>准确安装翼子板布</td><td>会 否</td></tr>
<tr><td>安装前格栅布</td><td>准确安装前格栅布</td><td>会 否</td></tr>
<tr><td>安装车轮挡块</td><td>准确安装车轮挡块挡住车轮</td><td>会 否</td></tr>
<tr><td colspan="5">学生自评成绩：</td></tr>
</table>

1. 车轮挡块安装

操作规程：

将车轮挡块安装在前左车轮前后，如图 2-3 所示。

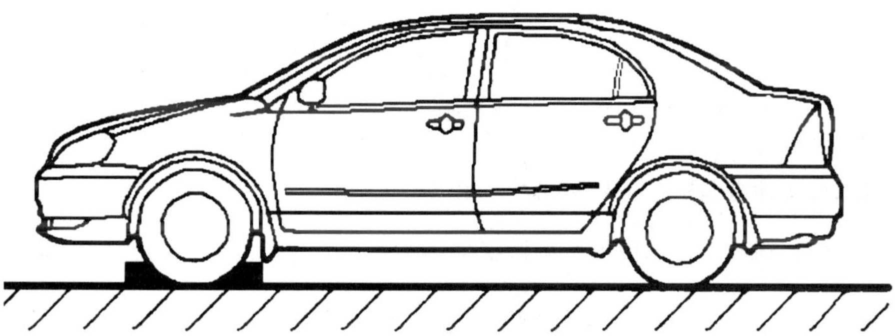

图 2-3 车轮挡块安装示意图

2. 驾驶室内的准备工作

操作规程：

（1）拉起发动机舱盖、油箱盖及行李箱盖释放杆，将顶灯开关转动至“DOOR”，如图 2-4 所示。

（2）安装好座椅套、转向盘套及地板垫。打开发动机舱盖，安装好翼子板布，翼子板布不能超过翼子板与发动机舱盖的间隙。安装前格栅布，如图 2-5 所示。

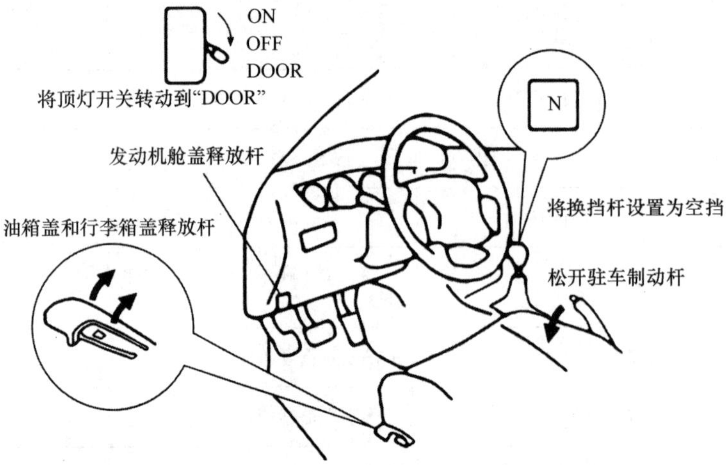

图 2-4　发动机舱盖、油箱盖、行李箱盖释放杆，顶灯开关，驻车制动杆，换挡杆操作示意图

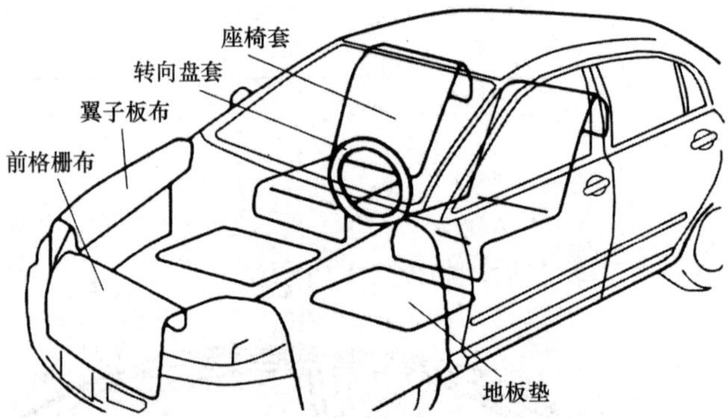

图 2-5　座椅套、转向盘套、地板垫、翼子板布和前格栅布安装示意图

四、汽车车身检查预检工作项目考核（40 分）

汽车车身检查预检工作项目考核评分表如表 2-2 所示。

表 2–2　汽车车身检查预检工作项目考核评分表

作业顺序	考核项目	配分	技术说明	得分
1	拉起驻车制动杆	4	正确使用驻车制动杆使车辆被可靠制动	
2	安装座椅套	3	座椅套安装正确	
3	安装地板垫	3	地板垫安装正确	
4	安装转向盘套	3	转向盘套安装正确	
5	拉起发动机舱盖释放杆	4	正确拉起驾驶室左下方的发动机舱释放杆	
6	拉起油箱盖释放杆	3	正确拉起座椅下方的油箱盖释放杆	

续表

作业顺序	考核项目	配分	技术说明	得分
7	拉起行李箱盖释放杆	3	正确拉起座椅下方的行李箱盖释放杆	
8	将顶灯开关转动至“DOOR”	4	准确将顶灯开关转动至“DOOR”	
9	打开发动机舱盖	4	打开发动机舱盖锁，将支撑杆插入槽中使发动机舱盖保持在打开状态	
10	安装翼子板布	3	正确安装左、右翼子板布	
11	安装前格栅布	3	正确安装前格栅布	
12	安装车轮挡块	3	正确安装车轮挡块	

指导教师签名： 总分：

五、“项目单元一　汽车车身检查预检工作”项目综合考核成绩统计

“项目单元一　汽车车身检查预检工作”项目综合考核成绩统计表如表 2-3 所示。

表 2-3　“项目单元一　汽车车身检查预检工作”项目综合考核成绩统计表

考核教师签字：____________

序号	考核内容	配分	评分标准	考核记录	扣分	得分
1	汽车车身检查预检工作项目理论知识考核	20	能完成所有题目，错漏一题扣 1 分			
2	汽车车身检查预检工作项目实践考核	40	能完成所有项目			
3	汽车车身检查预检工作项目考核	40	所有项目考核合格			
合计		100				

项目单元二　发动机舱内各种油液液位检查

学习目的

1．知识要点

① 了解发动机舱内各种油液液位检查的作用。

② 了解发动机舱内各种油液液位检查的工作内容和技术要求。

2．技能要点

掌握发动机舱内各种油液液位的检查方法和技术要求。

一、发动机舱内各种油液液位检查的工作内容

（1）发动机冷却液液位检查。

（2）发动机机油液位检查。

（3）制动液液位检查。

（4）喷洗液液位检查。

（5）蓄电池电解液液位检查。

发动机舱内各种油液液位检查示意图，如图2-6所示。

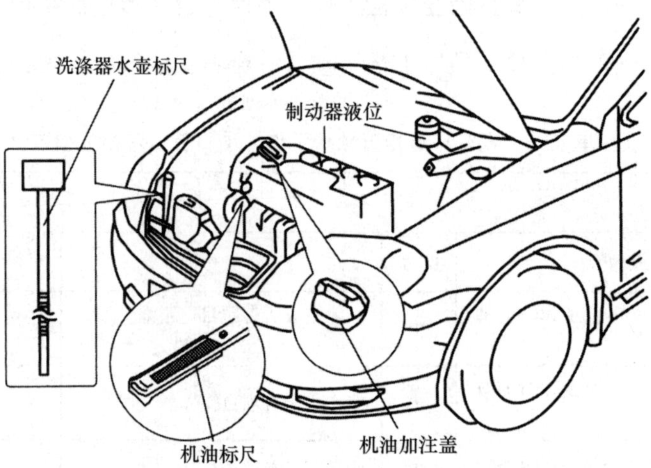

图2-6　发动机舱内各种油液液位检查示意图

二、理论知识题（20分）

1．填空题（10分）

（1）发动机冷却系统使发动机的工作温度保持__________。如果冷却液泄漏，造成冷却液液位不正常，导致发动机__________，进而损害发动机。因此，必须做定期检查。冷却液液位的正常情况是冷却液的高度应在补偿液箱（储液罐）标尺上的__________与最低刻度之间。

（2）发动机润滑系统的作用就是在发动机工作时连续不断地把数量足够、温度适当的洁

净机油以__________和__________方式送到运动件的摩擦表面，并在摩擦表面之间形成油膜，实现液体摩擦。从而减小摩擦阻力、降低功率消耗、减轻机件磨损，以达到提高发动机工作可靠性和耐久性的目的。

（3）在正常情况下，发动机机油液位高度应在机油标尺上的最高位与最__________中间。

（4）汽车制动液的质量状况和__________直接关系到车辆的行驶安全。因此，必须做定期检查。

（5）在正常情况下，制动液液位高度应在储液罐外部标记位置的最高“MAX”与__________之间。

（6）如果制动液液位过低，会导致__________下降，制动失效。

（7）现代轿车都加有挡风玻璃喷液器，在喷洒__________后与刮水器协同工作。

（8）蓄电池电解液是由相对密度为1.83～1.84的化学纯__________按一定体积或质量比配制而成的。

2. 问答题（10分）

（1）蓄电池电解液不足会发生什么情况？

（2）发动机冷却液不足会出现什么情况？

（3）发动机机油液位过低会发生什么情况？

三、实践操作题（40 分）

按照发动机舱内各种油液液位检查工作操作规程进行操作。在完成各项操作后，在发动机舱油液液位检查工作项目学生自我考核评价表的检查情况栏内打勾或记录检查数据，在自我评价栏内打勾，在学生自评成绩栏内做学生自评成绩，如表 2-4 所示。

表 2-4　发动机舱油液液位检查工作项目学生自我考核评价表

维护项目作业顺序及项目作业确认、自我评价和学生自评成绩				
发动机舱油液液位检查				
序号	检查部位	检查项目	检查情况	自我评价
1	发动机舱	检查发动机冷却液液位	发动机冷却液液位符合规定，应保持在补偿液箱（储液罐）标尺上的最高位置与最低位置之间	会　否
		检查发动机机油液面	发动机机油液位符合规定，应保持在机油标尺的正常范围内	会　否
		检查制动液液位	制动液液位符合规定，应保持在储液罐外部标记位置的最高“MAX”与最低“MIN”之间	会　否
		检查喷洗液液面	喷洗器内液体应注满	会　否
		检查蓄电池电解液液位	电解液液位应保持在蓄电池壳体外部标记位置的最高刻度和最低刻度之间	会　否
学生自评成绩：				

1. 发动机冷却液液位检查

操作规程：

在发动机冷却的状态下，查看透明的冷却液箱。发动机冷却液液位检查示意图如图 2-7 所示。冷却液液位如果保持在补偿液箱的“Full”和“Low”标记线之间，则符合要求。补偿液箱中的冷却液液位随发动机的温度而异。但是，如果液位在“L”标记线或以下，则须加注冷却液。

注意：为防止灼伤，当发动机还热的时候，不要取下散热器盖。

2. 发动机机油液位检查

操作规程：

（1）需将车辆停在水平地面上，熄火发动机，等待 5～10min。

（2）拉出机油标尺，在其端部放一块布并将其擦干净。

（3）重新插入机油标尺——尽量把它插到底，否则读数就会不准确。

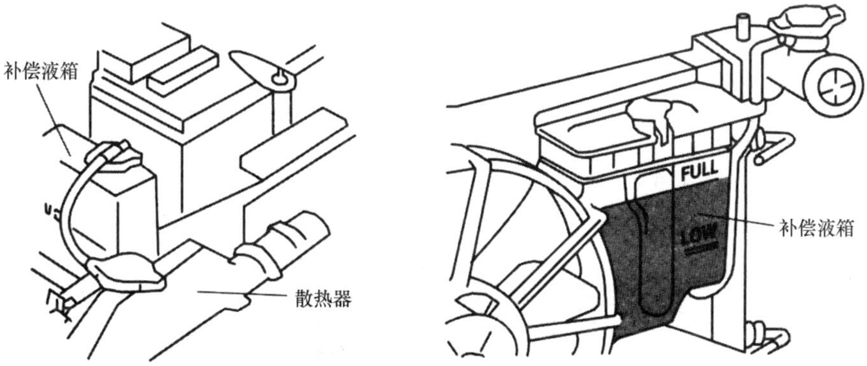

图 2-7　发动机冷却液液位检查示意图

（4）拉出机油标尺，检查油位是否在正常范围内，如图 2-8 所示。

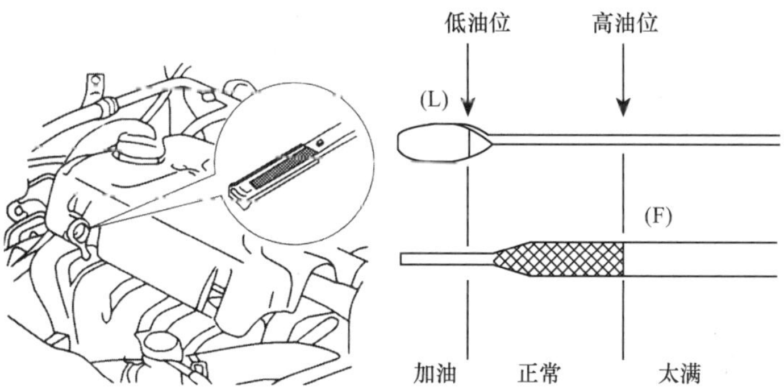

图 2-8　发动机机油液位检查示意图

3. 制动液液位检查

操作规程：

观察制动液液位是否在储液罐外部标记位置的最高（MAX）与最低（MIN）之间，如图 2-9 所示。如果超出最高（MAX），则认为制动液过多；如果低于最低（MIN），则认为制动液不足。

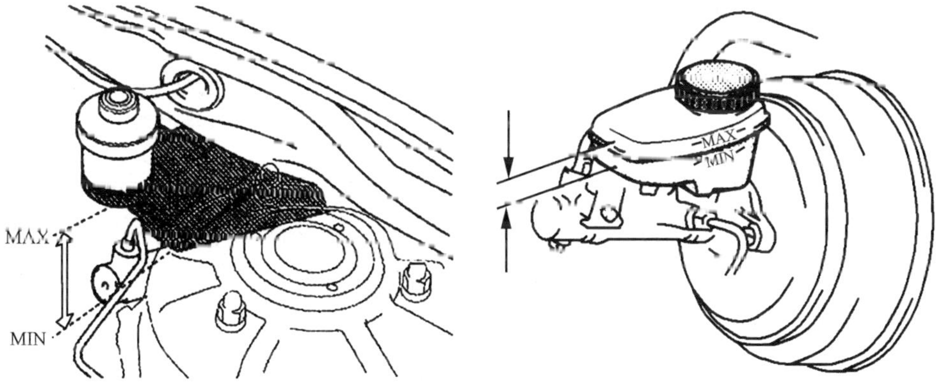

图 2-9　制动液液位检查示意图

4. 喷洗液液位检查

操作规程：

使用液位尺检查喷洗器罐中的喷洗液是否充分注满，如图 2-10 所示。

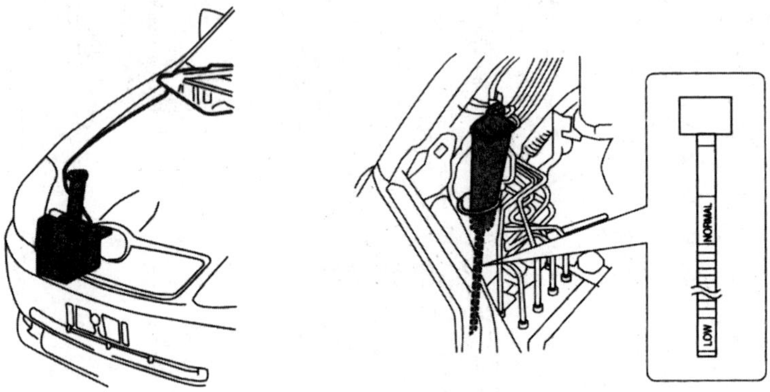

图 2-10　喷洗液液位检查示意图

5. 蓄电池电解液液位检查

操作规程：

观察电解液液位是否在蓄电池壳体外部标记位置的最高刻度和最低刻度之间，如图 2-11 所示。

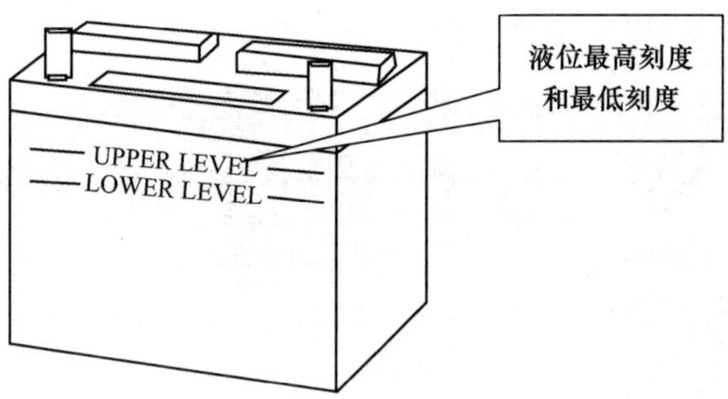

图 2-11　蓄电池电解液液位检查示意图

检查电解液液位时，如果液位低于最低刻度，则须加注蒸馏水。

四、发动机舱内各种油液液位检查项目考核（40 分）

发动机舱内各种油液液位检查项目考核表如表 2-5 所示。

表 2-5　　发动机舱内各种油液液位检查项目考核表

作业顺序	考核项目	配分	技术说明	得分
1	检查发动机冷却液液位	8	确保在定期检查过程中，没有起动发动机。用手指向检查部位，检查各个液位	
2	检查发动机机油液面	8		
3	检查制动液液位	8		
4	检查喷洗液液面	8		
5	检查蓄电池电解液液位	8		

指导教师签名：　　　　　　　　　　　　总分：

五、“项日单元二　发动机舱内各种油液液位检查”项目综合考核成绩统计

“项目单元二　发动机舱内各种油液液位检查”项目综合考核成绩统计表如表 2-6 所示。

表 2-6　　项目单元二　发动机舱内各种油液液位检查”项目综合考核成绩统计表

考核教师签字：____________

序号	考核内容	配分	评分标准	考核记录	扣分	得分
1	汽车发动机舱内各种油液液位检查工作项目理论知识考核	20	能完成所有题目，错漏一题扣 1 分			
2	汽车发动机舱内各种油液液位检查工作项目实践考核	40	能完成所有项目			
3	汽车发动机舱内各种油液液位检查工作项目考核	40	所有项目考核合格			
合计		100				

项目单元三　车灯的检查

学习目的

1．知识要点

① 了解车灯检查的意义。

② 了解车灯检查的工作内容和技术要求。

2. 技能要点

掌握车灯检查的方法和技术要求。

一、车灯的检查工作内容

1. 汽车照明系统车灯检查

汽车照明系统车灯有示宽灯、牌照灯、尾灯、仪表灯、前照灯（近光灯）、前照灯（远光灯）和远光指示灯、前照灯闪光器和指示灯、防雾灯和指示灯、厢灯。

2. 汽车信号系统车灯检查

汽车信号系统车灯有左、右转向信号灯和转向指示灯、制动灯、危险警告灯和指示灯、倒车灯。

3. 警告灯检查

汽车警告灯有制动系统警告灯、座椅安全带指示灯、充电系统警告灯、机油低压警告灯、故障指示灯、燃油液位指示灯、发动机冷却液温度指示灯、ABS 警告灯、SES 警告灯、车门打开警告灯、自动变速器挡位指示灯。

二、理论知识题（填空题 20 分）

（1）汽车照明系统车灯的作用是为了__________照明。

（2）示宽灯是标示车辆__________和__________的车灯，便于夜间安全会车。示宽灯的灯光强度应在夜间距离__________以外能看清楚。

（3）尾灯是用在夜间行车时，使后面车辆及行人知道该车的__________，以便保持车距。尾灯一般安装在汽车牌照上方，灯光为红色，其亮度标准为：在夜间距车__________以外应能看清。

（4）仪表灯用于夜间照明汽车上的仪表，使驾驶员能看清__________的指示值。

（5）前照灯用于夜间行车照明道路，其灯光为白色，分__________和__________。远光打开时保证汽车前方__________以内的路面上有明亮光。

（6）前照灯闪光器和指示灯是用于__________提示。

（7）雾灯，它可以提高车辆在__________、大雪、暴雨或尘埃弥漫情况下的能见度，并能保证使对面来车能及时发现，以便采取措施，安全会车。现代汽车一般采用配光或黄色灯泡，通常在雾天、大雪、暴雨或尘埃弥漫情况下驾车时使用，雾灯射出的光线倾斜度大，能照明车前 30m 内的区域。

（8）汽车信号系统车灯的作用是向环境（如人、车辆）发出__________、示意信号（如转向信号、制动信号）和报警等。

（9）左、右转向信号灯是在汽车起步、__________、变换车道、停止时向环境（如人、车辆）示意信号的灯具。其光色为__________，以__________的频率闪烁，一般在白天距离 100m 以内应能看清。

（10）制动灯装在汽车尾部，是车辆重要的外在__________，以警告后面尾随的车辆或行人，保持安全距离。其光色为__________。正常情况下，制动灯亮时，车后相距__________处的其他车辆应能看得很清楚。

（11）危险警告灯是为了在遇到__________时而设置的一种车灯，只有在特殊情况下使用。如车辆途中抛锚无法行驶，或送病人到医院急救等。危险警告灯打开时，车身前、后的左、右转向灯以__________的频率闪烁。

（12）倒车灯安装在汽车后面，照射光线的主轴向下，可以照明车后__________以内的道路。倒车灯光色为__________，由变速器控制，在变速器处于__________位置时点亮，并同时发出警报音响，以警示车后的行人及来车。

（13）转向灯开关自回功能是指当转向灯开关打到右转向（或左转向）位置后，转向盘回转时，转向灯开关自动回到__________。

（14）当汽车系统内存在__________和需要进行补足或更换时，仪表板上的警告灯就会变亮或闪烁，以便帮助驾驶员安全驾驶。警告灯的颜色根据紧急或重要程度分为__________和__________。

（15）当驻车制动杆被拉起时，驻车制动灯开关接通，制动系统警告灯__________。当制动液液位降低时，制动液液位过低报警开关接通，制动系统警告灯__________。

（16）点火开关处于“ON”或发动机运转中，若座椅安全带未系上，座椅安全带指示灯__________。

（17）发动机运转中，当充电系统某处存在故障不充电时，放电警告灯__________。

（18）发动机运转中，当发动机控制系统或变速器等控制系统存在故障时，故障指示灯__________。

（19）点火开关处于“ON”，当燃油箱中的燃油接近用完时，低燃油液位警告灯__________。

（20）发动机运转中，如果发动机机油的压力降低到一定程度（机油液位降低），发动机机油低压警告灯__________。

（21）发动机运转中，当ABS系统存在故障时，ABS警告灯__________。

（22）当车门未关闭时，车门打开警告灯__________。

（23）发动机运转中，当SRS空气囊系统存在故障时，SRS警告灯__________或闪烁。

（24）发动机运转中，当行驶距离达到正时带的更换时间时，正时带更换警告灯__________。

（25）发动机运转中，当燃油滤清器中的水位达到指定的极限时，燃油滤清器警告灯__________。

（26）补全图2-12所示各种警告灯图案的名称。

（27）补全图2-13所示各种警告灯图案的名称。

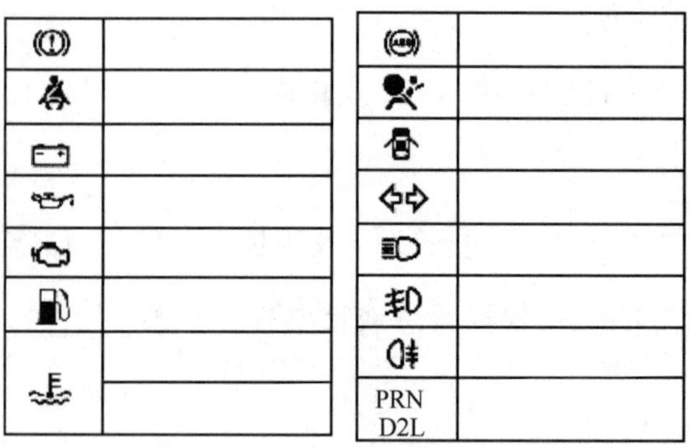

图2-12　各种警告灯图案示意图（1）

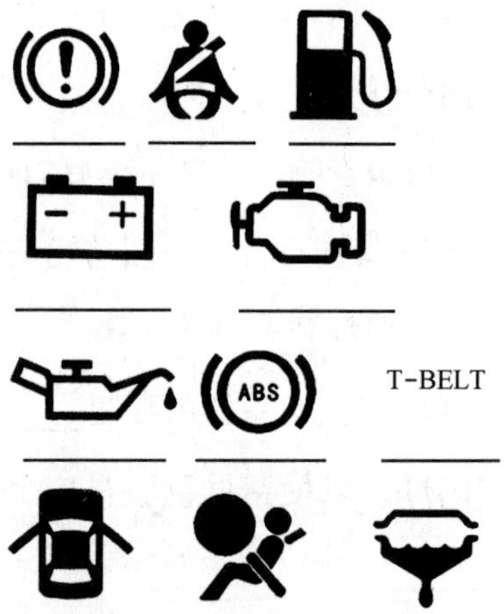

图2-13　各种警告灯图案示意图（2）

三、实践操作题（40分）

按照汽车车灯检查的各项工作操作规程进行操作。完成各项操作后，在车灯检查项目学生自我考核评价表的检查情况栏内打勾或记录检查数据，在自我评价栏内打勾，在学生自评成绩栏内做学生自评成绩，如表2-7所示。

表 2-7　　车灯检查项目学生自我考核评价表

维护项目作业顺序及项目作业确认、自我评价和学生自评成绩				
车灯检查				
序号	检查部位	检查项目	检查情况	自我评价
1	照明系统车灯	检查示宽灯、牌照灯、尾灯和仪表灯点亮	车灯开关打开后，示宽灯、牌照灯、尾灯和仪表灯应正常发亮	会　否
		检查前照灯（近光灯）点亮	车灯开关打开后，前照灯（近光灯）应正常发亮	会　否
		检查前照灯（远光灯）和远光指示灯点亮	闪光器开关向下打开后，前照灯（远光灯）和远光指示灯应正常发亮	会　否
		检查前照灯闪光器和指示灯点亮	闪光器开关向上下移动转换开关时，前照灯闪光器和指示灯正常亮或闪	会　否
		检查厢灯点亮	厢灯开关在“ON”位置时，厢灯全时间内，保持在发亮。厢灯开关在“OFF”位置时，厢灯（顶灯）熄灭。厢灯开关在“DOOR”位置时，打开任何一扇车门，厢灯发亮；当所有的车门都关闭后，厢灯熄灭	会　否
2	信号系统车灯	检查转向信号灯和指示灯点亮	将转向灯开关向前或向后打到转向位置，右转向信号灯和指示灯或左转向信号灯和指示灯正常闪烁	会　否
		检查危险警告灯和指示灯点亮	打开危险警告灯和指示灯开关后，危险警告灯和指示灯发亮	会　否
		检查制动灯点亮	踩下制动器踏板后，制动灯发亮	会　否
		检查倒车灯点亮	点火开关处于“ON”时，选挡杆挂入倒挡后，倒车灯正常发亮	会　否
		检查转向灯开关自动返回功能	转向灯开关应能自动置于中间位置	会　否
3	警告灯	检查组合仪表上各警告灯（点亮和熄灭）	（1）将点火开关转到“ON”位置，不起动发动机时，下列警告灯点亮 制动系统警告灯（驻车制动杆拉起） 座椅安全带指示灯 放电警告灯 故障指示灯 低燃油液位警告灯 发动机机油低压警告灯 ABS 警告灯 车门打开警告灯（任何车门打开） SRS 警告灯 正时带更换警告灯 燃油滤清器警告灯 （2）发动机起动后，下列警告灯熄灭 放电警告灯 故障指示灯 低燃油液位警告灯 发动机机油低压警告灯 ABS 警告灯	 会　否 会　否 会　否 会　否 会　否 会　否 会　否 会　否 会　否 会　否 会　否 会　否 会　否 会　否 会　否 会　否

续表

维护项目作业顺序及项目作业确认、自我评价和学生自评成绩				
车灯检查				
序号	检查部位	检查项目	检查情况	自我评价
3	警告灯	检查组合仪表上各警告灯（点亮和熄灭）	SRS 警告灯 正时带更换警告灯 燃油滤清器警告灯	会　否 会　否 会　否
学生自评成绩：				

汽车的组合开关安装在转向盘下方。组合开关主要包括示宽灯、牌照灯、尾灯、仪表灯、前照灯（近光灯）、前照灯（远光灯）和远光指示灯、雾灯和指示灯、转向信号灯和转向指示灯、闪光器开关总成（前照灯的远近光之间的转换开关）和刮水器、喷洗液开关等。汽车组合开关的构造，如图 2-14 所示。

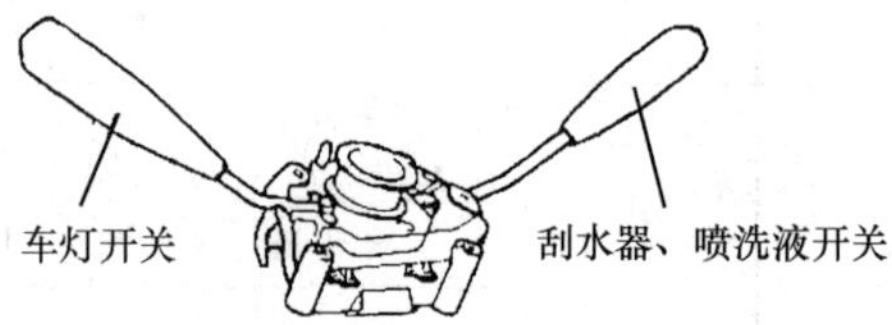

图 2-14　汽车组合开关的构造

1. 示宽灯、尾灯、仪表灯检查

操作规程：

点火开关处于“ON”或发动机处于运转状态时，如图 2-15 所示，将灯光控制开关旋动一挡，与车外检查人员配合检查车外的示宽灯、牌照灯、尾灯和仪表灯是否发亮。也可以通过照后镜检查车外的灯光情况。

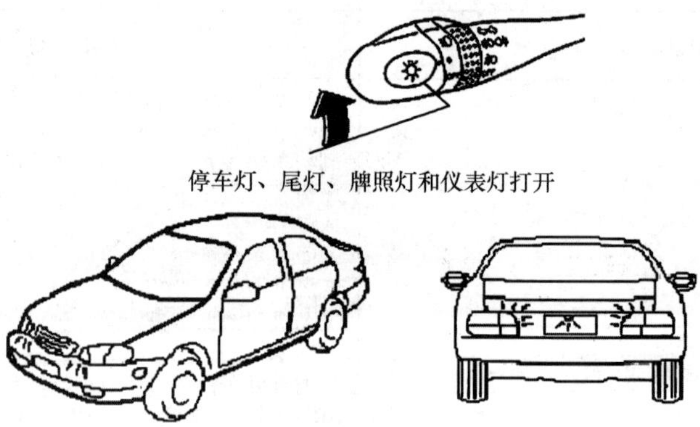

图 2-15　使用汽车组合开关打开示宽灯、尾灯和仪表灯的示意图

2. 前照灯（近光灯）、前照灯（远光灯）和远光指示灯、前照灯变光开关和指示灯检查

操作规程：

（1）点火开关处于“ON”或发动机处于运转状态时，如图 2-16 所示，将灯光控制开关

旋动两挡打开前照灯，通过观察仪表板上远光指示灯是否点亮，来判别打开的是远光灯还是近光灯。若远光指示灯未点亮，说明打开的是近光灯；若远光指示灯点亮，说明打开的是远光灯。

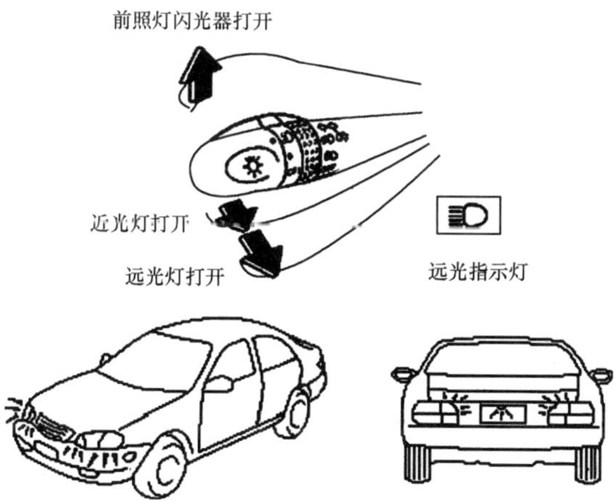

图 2-16　使用汽车组合开关打开前照灯、近光和远光变换和前照灯变光开关操作示意图

（2）当前照灯是近光或远光状态时，将变光开关往下或向上推，检查前照灯远光和近光切换工作情况。

（3）当前照灯是近光状态时，用手向上拉起变光开关，检查前照灯和指示灯是否正常亮或闪。松开变光器开关后，变光开关应自动落下关闭前照灯和指示灯。

3. 雾灯和雾灯指示灯检查

操作规程：

（1）点火开关处于“ON”或发动机处于运转状态时，如图 2-17 所示，将灯光控制开关旋动一挡。

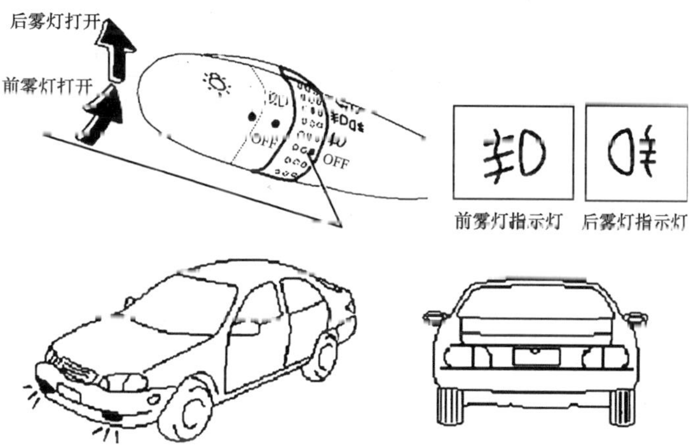

图 2-17　使用汽车组合开关打开雾灯示意图

（2）将雾灯开关旋动一挡，检查前雾灯和雾灯指示灯是否发亮。

（3）再将雾灯开关旋动两挡，检查后雾灯和雾灯指示灯是否发亮。

（4）回到“OFF”位置，检查雾灯和雾灯指示灯是否熄灭。

4. 左、右转向信号灯的检查

操作规程：

（1）点火开关处于“ON”或发动机处于运转状态时，如图2-18所示，将处于中间位置的转向灯开关向后打到左转向位置，左转向信号灯和指示灯正常闪烁（闪烁频率为60～120次/min）。转向灯开关回到中间位置，左转向信号灯和指示灯熄灭。

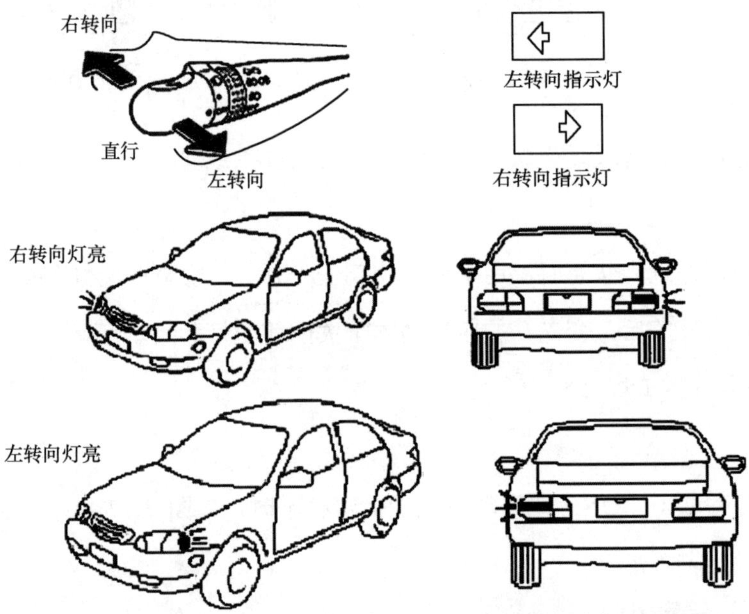

图2-18 使用汽车组合开关操作左、右转向灯和转向指示灯的示意图

（2）再将转向灯开关向前打到右转向位置，右转向信号灯和指示灯正常闪烁（闪烁频率为60～120次/min）。转向灯开关回到中间位置右转向信号灯和指示灯熄灭。

5. 制动灯的检查

操作规程：

点火开关无论是打开还是关闭状态，如图2-19所示，踩下制动器踏板后，制动灯发亮；抬起制动器踏板，制动灯熄灭。

图 2-19 使用制动灯开关打开制动灯的示意图

6. 危险警告灯和指示灯检查

操作规程：

点火开关无论是打开还是关闭状态，按一次危险警告灯开关，车身前、后的左、右转向灯和指示灯闪烁（闪烁频率为 60～120 次/min），再按一次危险警告灯开关，危险警告灯和指示灯熄灭如图 2-20 所示。

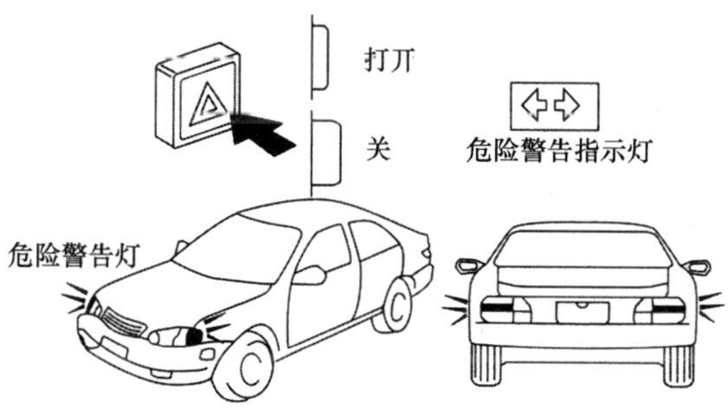

图 2-20 使用危险警告开关操作危险警告灯和指示灯的示意图

7. 倒车灯检查

操作规程：

（1）点火开关无论是打开还是关闭状态将选挡杆挂入倒挡后，倒车灯发亮。

（2）发动机运行状态时，手动变速器的车型需踩下离合器踏板，如图 2-21 所示，将选挡杆挂入倒挡后，倒车灯发亮。自动变速器的车型需踩下制动器踏板，如图 2-21 所示。

8. 厢灯检查

操作规程：

点火开关无论是打开还是关闭状态，厢灯亮灭情况如图 2-22 所示。

（1）将厢灯开关打到“ON”位置时，厢灯全时间内，保持在发亮状态。

（2）将厢灯开关打到“OFF”位置时，厢灯熄灭。

（3）将厢灯开关打到“DOOR”位置时，打开任何一扇车门，厢灯发亮；当所有的车门都关闭后，厢灯熄灭。

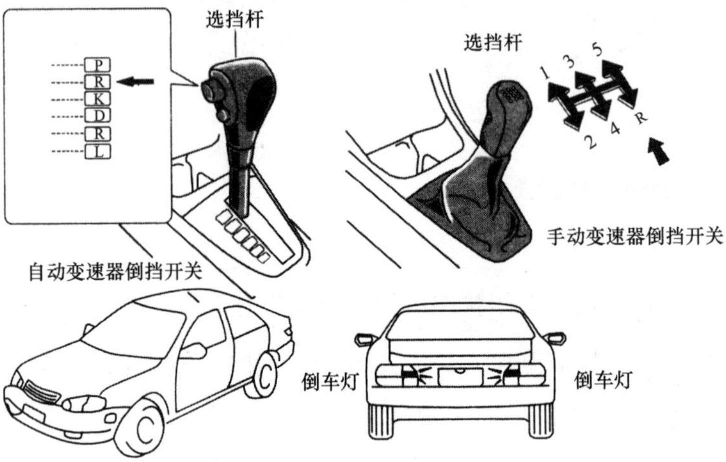

图 2-21　使用汽车倒挡灯开关操作倒车灯示意图

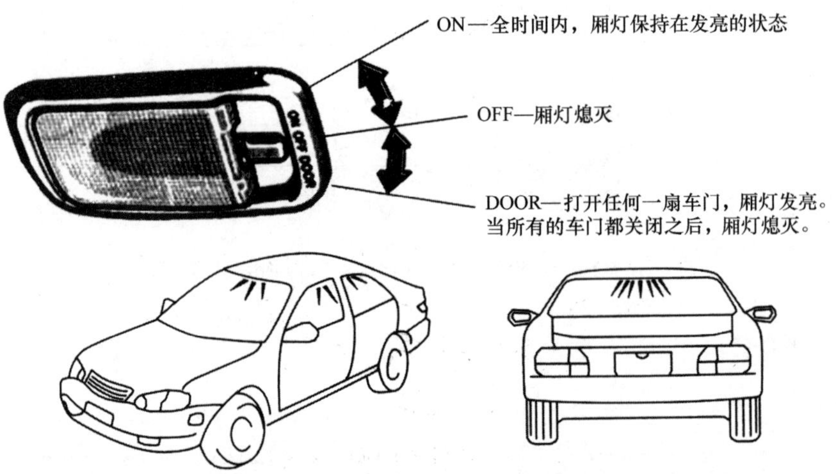

图 2-22　使用汽车厢灯开关操作厢灯示意图

9. 转向灯开关自回功能检查

操作规程：

点火开关处于“ON”或发动机处于运转状态时，进行如下操作。

（1）将处于中间位置的转向灯开关向后打到左转向位置，先逆时针方向转动转向盘约 90°，再把转向盘转到中间位置，此时转向灯开关应能自动回到中间位置，如图 2-23 所示。

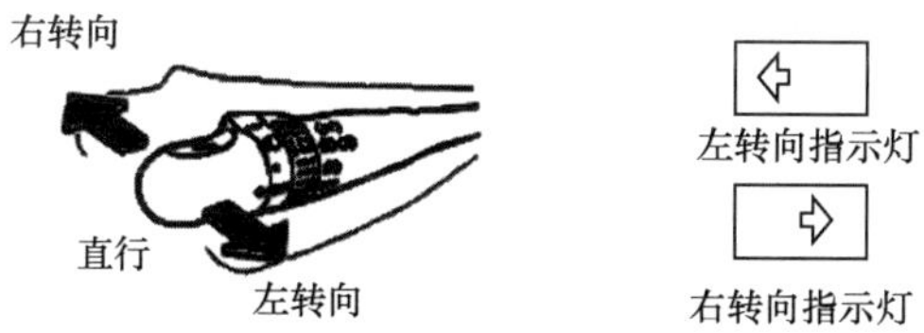

图 2-23 转向灯开关自回功能检查示意图

（2）将处于中间位置的转向灯开关向前打到右转向位置，先顺时针方向转动转向盘约 90°后，再把方向盘转到中间位置，此时转向灯开关也应能自动回到中间位置，如图 2-23 所示。

10. 警告灯检查

操作规程：

（1）将点火开关转到“ON”位置，但不起动发动机，组合仪表上下列警告灯点亮。

① 制动系统警告灯。当驻车制动杆被拉起时，该灯就会变亮；当制动液液位降低时，该灯也会变亮；当驻车制动杆放下时，该灯就会熄灭。

② 座椅安全带指示灯。若座椅安全带没有系上，该灯就会变亮。若座椅安全带已经系上，该灯就会熄灭。

③ 放电警告灯点亮。

④ 故障指示灯点亮。

⑤ 低燃油液位警告灯点亮。

⑥ 发动机机油低压警告灯点亮。

⑦ ABS 警告灯点亮。

⑧ 车门打开警告灯。若有任何一扇车门未关，该灯就会亮。若所有车门关闭，该灯就熄灭。

⑨ SRS 警告灯点亮。

⑩ 正时带更换警告灯熄灭。当行驶距离达到正时带的更换时间时，该灯就会点亮。

⑪ 燃油滤清器警告灯熄灭。当燃油滤清器中的水位达到指定的极限时，该灯就会点亮。

（2）发动机起动后，组合仪表上警告灯熄灭。

① 放电警告灯。正常情况下，放电警告灯自动熄灭。当充电系统存在故障不充电时，该灯就会点亮。

② 故障指示灯。正常情况下，故障指示灯自动熄灭。当发动机控制系统或变速器等控制

系统存在故障时，该灯就会点亮。

③ 低燃油液位警告灯。正常情况下，低燃油液位警告灯自动熄灭。当燃油箱中的燃油接近用完时，该灯就会点亮。

④ 发动机机油低压警告灯。发动机运转中，如果发动机机油的压力降低（机油液位降低），该灯就会点亮。

⑤ ABS 警告灯。发动机运转中，当 ABS 系统存在故障时，该灯就会点亮。

⑥ SRS 警告灯。发动机运转中，当 SRS 空气囊系统存在故障时，该灯就会变亮或闪烁。

⑦ 正时带更换警告灯。发动机运转中，当行驶距离未达到正时带的更换时间时，它就会熄灭。当行驶距离达到正时带的更换时间时，它就会点亮。

⑧ 燃油滤清器警告灯。发动机运转中，当燃油滤清器中的水位未达到指定的极限时，它就会熄灭。当燃油滤清器中的水位达到指定的极限时，它就会点亮。

注意：不同警告灯的熄灭方式不同。

四、车灯检查项目考核（40 分）

车灯检查项目考核表如表 2-8 所示。

表 2-8　车灯检查项目考核表

<table>
<tr><th>作业顺序</th><th>考核项目</th><th>配分</th><th>技术说明</th><th>得分</th></tr>
<tr><td>1</td><td>检查示宽灯点亮</td><td>3</td><td rowspan="4">车灯开关打开后，示宽灯、牌照灯、尾灯和仪表灯应正常发亮</td><td></td></tr>
<tr><td>2</td><td>检查牌照灯点亮</td><td>3</td><td></td></tr>
<tr><td>3</td><td>检查尾灯点亮</td><td>3</td><td></td></tr>
<tr><td>4</td><td>检查仪表灯点亮</td><td>3</td><td></td></tr>
<tr><td>5</td><td>检查前照灯（近光）点亮</td><td>3</td><td>车灯开关打开后，前照灯（近光灯）应正常发亮</td><td></td></tr>
<tr><td>6</td><td>检查前照灯（远光）和指示灯点亮</td><td>3</td><td>变光开关向下打开后，前照灯（远光灯）和远光指示灯应正常发亮</td><td></td></tr>
<tr><td>7</td><td>检查前照灯变光开关和指示灯点亮</td><td>3</td><td>变光开关向上下移动转换开关时，前照灯闪光器和指示灯正常亮或闪</td><td></td></tr>
<tr><td>8</td><td>检查转向信号灯和指示灯点亮</td><td>3</td><td>将转向灯开关向前或向后打到转向位置，右转向信号灯和指示灯或左转信号灯和指示灯正常闪烁</td><td></td></tr>
<tr><td>9</td><td>检查危险警告灯和指示灯点亮</td><td>3</td><td>危险警告灯和指示灯开关打开后，危险警告灯和指示灯发亮</td><td></td></tr>
</table>

续表

作业顺序	考核项目	配分	技术说明	得分
10	检查制动灯点亮（尾灯点亮时）	3	踩下制动器踏板后，制动灯发亮	
11	检查倒车灯点亮	3	点火开关处于“ON”挡时，选挡杆挂入倒挡后，倒车灯正常发亮	
12	检查转向灯开关自动返回功能	4	转向灯开关应能自动置于中间位置	
13	检查组合仪表警告灯（点亮和熄灭）	3	发动机起动后组合仪表警告灯熄灭	

指导教师签名：　　　　　　　　　　　　　　　　　　　　　总分：

五、“项目单元三　车灯的检查”项目综合考核成绩统计

“项目单元三　车灯的检查”项目综合考核成绩统计表如表 2-9 所示。

表 2-9　　　　“项目单元三　车灯的检查”项目综合考核成绩统计表

考核教师签字：____________

序号	考核内容	配分	评分标准	考核记录	扣分	得分
1	汽车车灯检查项目理论知识考核	20	能完成所有题目，错漏一题扣 1 分			
2	汽车车灯检查项目实践考核	40	能完成所有项目			
3	汽车车灯检查项目考核	40	所有项目考核合格			
合计		100				

项目单元四　喷洗液与刮水器的检查

学习目的

1．知识要点

① 了解喷洗液与刮水器检查的作用。

② 了解喷洗液与刮水器检查的工作内容和技术要求。

2．技能要点

掌握喷洗液与刮水器检查的方法和技术要求。

一、喷洗液与刮水器检查的工作内容

1. 喷洗液检查

（1）检查喷洗液喷射的清洁液是否集中在刮水器工作范围内。

（2）检查喷洗液的压力是否足够。

（3）检查喷洗联动刮水器功能。

2. 刮水器检查

（1）检查挡风玻璃刮水器一次刮扫、Lo 慢速、Hi 快速、间歇功能的工作情况。

（2）检查刮水器停止位置。

（3）检查刮水器刮拭效果。

二、理论知识题（20 分）

1. 问答题（14 分）

（1）挡风玻璃在干燥的状态时，使用刮水器会造成什么后果？

（2）为什么要设置刮水器装置？

2. 填空题（6 分）

（1）检查喷洗联动刮水器功能是检查刮水器是否__________。

（2）检查挡风玻璃刮水器的工作情况，包含一次刮扫、Lo 慢速、Hi 快速、__________。

（3）当刮水器停止工作时，刮水片应能够__________挡风玻璃的下部。

三、实践操作题（40 分）

按照汽车喷洗液与刮水器检查的各项工作操作规程进行操作。完成各项操作后，在汽车喷洗液与刮水器检查项目学生自我考核评价表的检查情况栏内打勾或记录检查数据，在自我评价栏内打勾，在学生自评成绩栏内作学生自评成绩，如表 2-10 所示。

表 2-10　　喷洗液与刮水器检查项目学生自我考核评价表

维护项目作业顺序及项目作业确认、自我评价和学生自评成绩				
喷洗液与刮水器检查				
序号	检查部位	检查项目	检查情况	自我评价
1	前挡风玻璃喷洗液	检查喷射力、喷射工作范围	清洁液喷洒压力应足够	会　否
			清洁液喷洒应集中在刮水器工作范围内	会　否
		检查刮水器协同	在喷洗液喷洒时，刮水器应可以协同工作	会　否
2	前挡风玻璃刮水器	检查刮水器一次刮扫功能情况	一次刮扫功能正常	会　否
		检查刮水器工作情况（间歇功能）	间歇功能正常	会　否
		检查刮水器工作情况（Lo 慢速）	Lo 慢速工作正常	会　否
		检查刮水器工作情况（Hi 快速）	Hi 快速工作正常	会　否
		检查刮水器工作情况（停止位置）	刮水器开关关闭后，刮水器自动停止在其停止位置（挡风玻璃之下）	会　否
		检查刮水器工作情况（刮拭状况）	刮水器刮拭后，不能出现条纹式的刮水痕迹或其他刮水效果不好的现象	会　否
学生自评成绩：				

1. 认识汽车的组合开关的结构

汽车组合开关可以操作刮水器、喷洗液喷射开关，如图 2-24 所示。

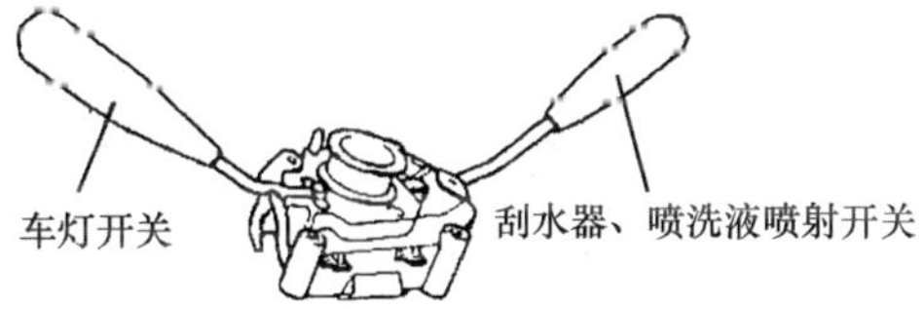

图 2-24　汽车组合开关结构示意图

汽车的组合开关安装在转向盘下方。可以操作包括示宽灯、牌照灯、尾灯、仪表灯、前照灯（近光灯）、前照灯（远光灯）和远光指示灯、雾灯和指示灯、转向信号灯和转向指示灯、变光器开关总成（前照灯的远近光之间的转换开关）和刮水器、喷洗液喷射开关等。

2. 喷洗液喷射状态检查

（1）检查喷洗液喷射的位置是否集中在刮水器工作范围内；

（2）检查喷洗液压力是否足够；

（3）检查喷洗联动刮水器功能。

操作规程：

起动发动机后。将喷洗液与刮水器开关向上抬起到喷洗位置，让喷洗液喷出，如图2-25所示。

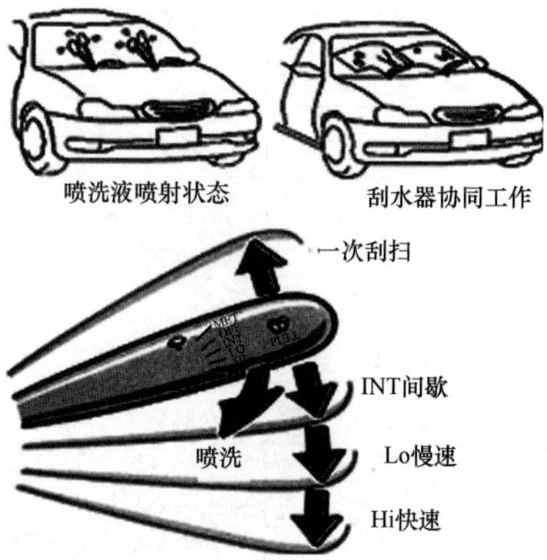

图2-25 洗涤器（喷洗液）与刮水器开关操作示意图

（1）检查喷洗液喷射的位置是否集中在刮水器工作范围内。

（2）检查喷洗液喷射的位置压力是否足够。

（3）观察刮水器是否协同工作。

3. 刮水器检查

操作规程：

在发动机运转中，依次将刮水器开关打开到一次刮扫、间歇功能、Lo慢速、Hi快速位置和停止位置，检查刮水器刮拭效果。

（1）检查一次刮扫功能是否正常。

（2）检查间歇功能是否正常。对于一些型号的刮水器，间歇功能的时间是可以调整。

（3）检查Lo慢速功能是否正常。

（4）检查Hi快速功能是否正常。

（5）刮水器开关不论是在一次刮扫、间歇功能、Lo 慢速、Hi 快速任一位置时，只要关闭刮水器开关，检查刮水器是否自动停止在其停止位置（挡风玻璃之下）。

（6）刮水器不论是在一次刮扫、间歇功能、“Lo”慢速和“Hi”快速任一位置工作时，检查刮水器刮拭效果，不能出现条纹式的刮水痕迹和有水珠等刮拭效果不好的现象，如图 2-26 所示。

条纹式的刮水痕迹　　有水珠

图 2-26　刮水器刮拭效果不良示意图

四、喷洗器与刮水器检查项目考核（40 分）

喷洗器与刮水器检查项目考核表如表 2-11 所示。

表 2-11　喷洗器与刮水器检查项目考核表

作业顺序	考核项目	配分	技术说明	得分
前挡风玻璃喷洗器				
1	检查喷射力、喷射位置	5	车内工作人员目测检查喷洒区域是否集中在刮水器工作范围内，并报出喷射力、喷射位置是否良好	
2	检查喷射时刮水器联动	5	目测检查在喷洗过程中，刮水器是否协同工作，并报出刮水器联动是否良好	
前挡风玻璃刮水器				
3	检查刮水器一次刮扫功能情况	5	打开刮水器开关至一次刮扫位置，检查每一只刮水器是否正常工作，在使用刮水器前要喷洒喷洗液，并报出“刮水器一次刮扫”是否良好	
4	检查刮水器工作情况（间歇功能）	5	打开刮水器开关至间歇位置，检查每一只刮水器是否正常工作，在使用刮水器前要喷洒喷洗液，并报出“刮水器间歇功能”是否良好	
5	检查工作情况（低速）	5	打开刮水器开关至低速位置，检查每一只刮水器是否正常工作，在使用刮水器前要喷洒喷洗液，并报出“刮水器低速”是否良好	
6	检查工作情况（高速）	5	打开刮水器开关至高速位置，检查每一只刮水器是否正常工作，在使用刮水器前要喷洒喷洗液，并报出“刮水器高速”是否良好	

续表

作业顺序	考核项目	配分	技术说明	得分
前挡风玻璃刮水器				
7	检查自动回位位置	5	目测检查当刮水器开关关闭时刮水器是否自动停止在其停止位置，并报出“自动回位”是否良好	
8	检查刮拭效果	5	目测检查喷洒喷洗液时，刮水器是否产生条纹式的刮水痕迹或其他刮水效果不好的问题，并报出“刮拭状况”是否良好	

指导教师签名：　　　　　　　　　　　　　　　　　　总分：

五、“项目单元四　喷洗液与刮水器的检查”项目综合考核成绩统计

“项目单元四　喷洗液与刮水器的检查”项目综合考核成绩统计表如表 2-12 所示。

表 2-12　“项目单元四　喷洗液与刮水器的检查”项目综合考核成绩统计表

考核教师签字：__________

序号	考核内容	配分	评分标准	考核记录	扣分	得分
1	喷洗液与刮水器检查项目理论知识考核	20	能完成所有题目，错漏一题扣 1 分			
2	喷洗液与刮水器检查项目实践考核	40	能完成所有项目			
3	喷洗液与刮水器检查项目考核	40	所有项目考核合格			
合计		100				

项目单元五　驻车制动杆与行车制动器检查

学习目的

1．知识要点

① 了解驻车制动杆与行车制动器检查的作用。

② 了解驻车制动杆与行车制动器检查的工作内容和技术要求。

2．技能要点

掌握驻车制动杆与行车制动器检查的方法和技术要求。

一、驻车制动杆与行车制动器检查的工作内容

1．驻车制动杆检查

（1）检查驻车制动杆行程。

（2）检查驻车制动指示灯。

2．行车制动器检查

（1）检查制动器踏板状况

① 反应灵敏度；②踏板是否完全落下；③异常噪声；④过度松动。

（2）检查制动器踏板行程

① 踏板高度；②踏板自由行程；③踏板行程余量。

（3）检查制动助力器的功能

① 工作状况检查；②气密性检查；③真空检查。

二、理论知识题（20 分）

1．问答题（10 分）

（1）驻车制动杆的作用是什么？

（2）行车制动器的作用是什么？

2．填空题（10 分）

（1）驻车制动杆行程过长时，驻车制动效能__________。驻车制动杆行程过短时，有可

能使__________拖滞，即驻车制动杆处于部分接合状态。

（2）当驻车制动杆被拉起时，驻车制动指示灯就会__________，提示驻车制动杆已被设定。驾驶员在驾驶之前，须确认驻车制动杆充分释放以及驻车制动指示灯__________。

（3）制动器踏板是制动系统操纵机构的__________构件，其工作状况的好坏影响到制动器的__________，如果制动器踏板状况不好，会导致极端的危险。因此，必须__________制动器踏板的工作状态。

（4）为了获得合适的制动力，需要正确的制动器踏板__________。制动器踏板行程要符合原厂规定。因此，必须检查制动器踏板：①踏板高度；②踏板__________；③踏板行程余量等。

（5）制动器踏板的自由行程是指____。

（6）真空助力式制动系统，利用发动机进气管形成的__________，与驾驶员加于制动器踏板上的力一起来推动主缸活塞移动。制动助力器可以__________驾驶员施加于制动踏板上的力，增加车轮制动力，达到操纵轻便、制动可靠的目的。

三、实践操作题（**40分**）

按照驻车制动杆与行车制动器检查的各项工作操作规程进行操作。完成各项操作后，在驻车制动杆与行车制动器检查项目学生自我考核评价表的检查情况栏内打勾或记录检查数据，在自我评价栏内打勾，在学生自评成绩栏内作学生自评成绩，如表2-13所示。

表2-13　　驻车制动杆与行车制动器检查项目学生自我考核评价表

维护项目作业顺序及项目作业确认、自我评价和学生自评成绩				
驻车制动杆与行车制动器检查				
序号	检查部位	检查项目	检查情况	自我评价
1	驻车制动杆	检查驻车制动杆行程	符合原厂规定，当驻车制动杆被20kg的拉力拉起时，锁止生效齿数5～9齿，锁止有效	会　否
		检查驻车制动指示灯	驻车制动指示灯开关灵敏、有效。当驻车制动杆被拉起一个槽口时，驻车制动指示灯点亮。而当驻车制动杆复位后驻车制动指示灯应熄灭	会　否
2	行车制动器	检查制动器踏板应用状况（响应性）	在发动机停机状态下，连续踩动几下制动器踏板后，制动器踏板的响应性应良好（反应灵敏度高）	会　否
		检查制动器踏板应用状况（完全踩下）	在发动机停机状态下，制动器踏板完全可以踩下	会　否

续表

维护项目作业顺序及项目作业确认、自我评价和学生自评成绩				
驻车制动杆与行车制动器检查				
序号	检查部位	检查项目	检查情况	自我评价
2	行车制动器	检查制动器踏板应用状况（异常噪声）	在发动机停机状态下，连续踩动几下制动器踏板后，制动器踏板无异常噪声	会 否
		检查制动器踏板应用状况（过度松动）	在发动机停机状态下，连续踩动几下制动器踏板后，制动器踏板无过度松动	会 否
		检查制动器踏板高度	符合原厂规定，参考值 140～150mm	会 否
		检查制动器踏板自由行程	符合原厂规定，参考值 1～6mm	会 否
		检查制动器踏板行程余量	符合原厂规定，参考值 70～80mm	会 否
		检查制动助力器工作情况	制动助力器应工作正常有效。起动发动机后，制动器踏板应下沉	会 否
		检查制动助力器气密性情况	制动助力器中维持真空，恒压室和变压室应密封，空气阀有效。踩压制动器踏板数次后，踏板返回的高度越来越大	会 否
		检查制动助力器真空功能	制动助力器室的真空功能有效。制动器踏板高度不变化	会 否
学生自评成绩：				

1. 驻车制动杆检查

（1）检查驻车制动杆行程。

操作规程：

按图 2-27 所示检查驻车制动杆行程。用适当的力拉起驻车制动手柄，通过棘轮发出的“咔哒”声数，数出棘轮齿数，应为 5～9 个齿数。若齿数小，则驻车不易释放：若齿数多，则驻车制动易拉不紧。

（2）检查驻车制动指示灯。

操作规程：

当驻车制动杆被拉起时，仪表板上的驻车制动指示灯就会变亮。按图 2-28 所示检查驻车制动指示灯的工作情况。

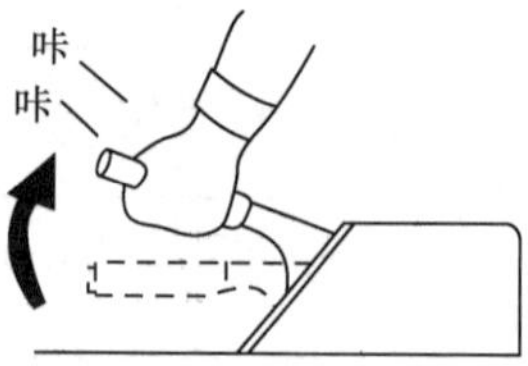

图 2-27　检查驻车制动器行程示意图

图 2-28　检查驻车制动指示灯的工作情况示意图

2. 行车制动器检查

（1）检查制动器踏板工作状态。

操作规程：

在发动机停机状态下，连续踩动几下制动器踏板。检查制动器踏板的响应性是否良好（反应灵敏度）、是否能完全踩下、是否有异常噪声、是否有过度松动，如图 2-29 所示。

（2）检查制动器踏板行程。

检查制动器踏板行程的工作内容如下。

① 检查制动器踏板高度。

操作规程：

制动器踏板高度指制动器踏板处于自由状态时，制动器踏板与车前围内壁的距离。

检查踏板高度时，使用一把直尺测量制动器踏板高度。测量从车前围内壁到制动器踏板上表面的距离，如图 2-30 所示。如果必须要从地毯表面开始测量，则从标准值中扣除地毯的厚度（踏板高度参考值 124.3～134.3mm）。

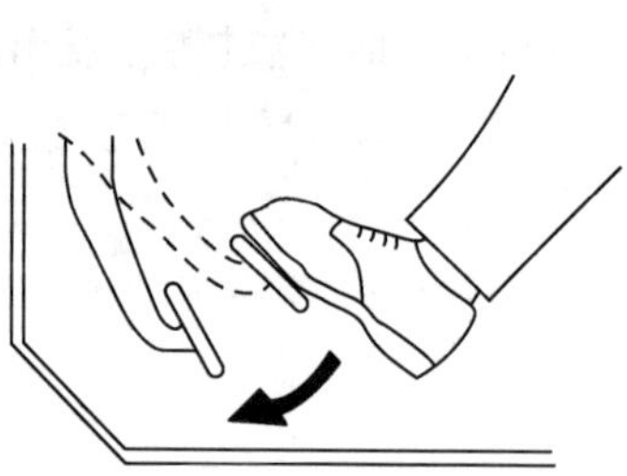
图 2-29　检查踏板工作状态示意图

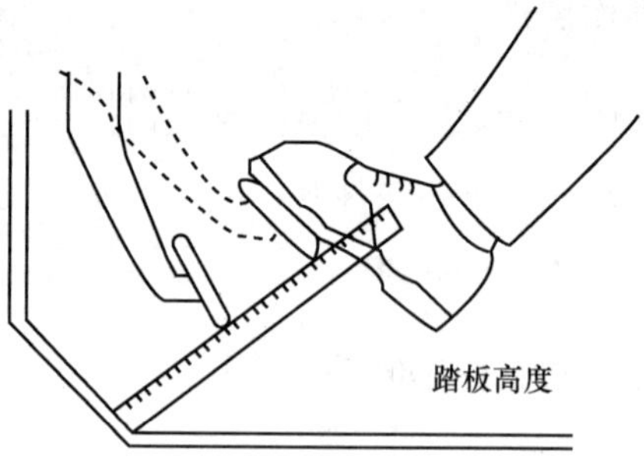

图 2-30　检查制动器踏板高度示意图

② 检查制动器踏板自由行程。

操作规程：

发动机停止后，踩下制动器踏板几次（对于配备了液压制动助力器的车辆，至少要踩下制动器踏板 40 次），直至助力器中无真空为止。然后，用手指轻轻按压制动器踏板直至感到有阻力为止，用一把直尺测量制动器踏板的自由行程（制动器踏板自由行程参考值为 1～6mm），如图 2-31 所示。

当用手指轻轻按压制动器踏板时，制动器踏板的运动行程在以下两个阶段发生变化。

第一阶段，U 形夹销和转轴销的松动。

第二阶段，推杆刚好在液压升高之前运动。

第一阶段与第二阶段的总运动行程即为制动器踏板的自由行程。

③ 检查制动器踏板行程余量。

操作规程：

发动机运转及驻车制动杆松开时，按原厂规定的力踩下制动器踏板，如丰田汽车规定用 490N（50kgf，110cbf）的力踩制动器踏板，然后使用一把直尺测量踏板行程余量是否处于规定的范围内（踏板行程余量参考值大于 55mm），如图 2-31 所示。

3. 检查制动助力器的功能

检查制动助力器的功能的工作内容主要包括工作检查、气密性检查、真空检查。

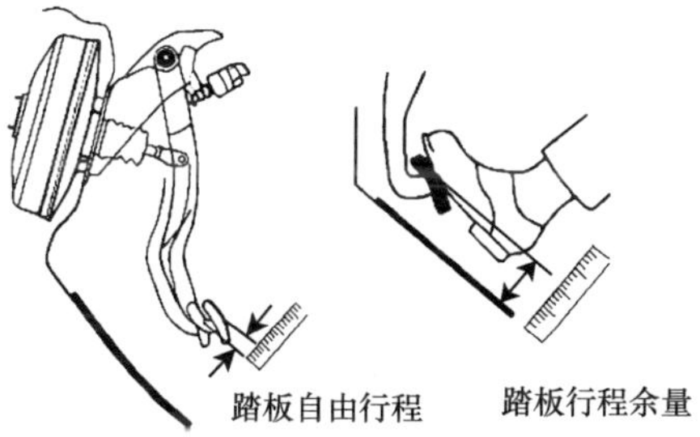

图 2-31 检查踏板自由行程和踏板行程余量示意图

（1）制动助力器工作检查。

操作规程：

① 在点火开关 OFF 位置，反复踩踏制动器踏板数次（在装有液压制动助力器的汽车上，应当踩压制动器踏板 40 次以上）后，保持踩住制动器踏板，检查踏板高度有无变化，如图 2-32 所示。

② 踩住制动器踏板并起动发动机，检查制动器踏板是否轻微下沉，如图 2-32 所示。

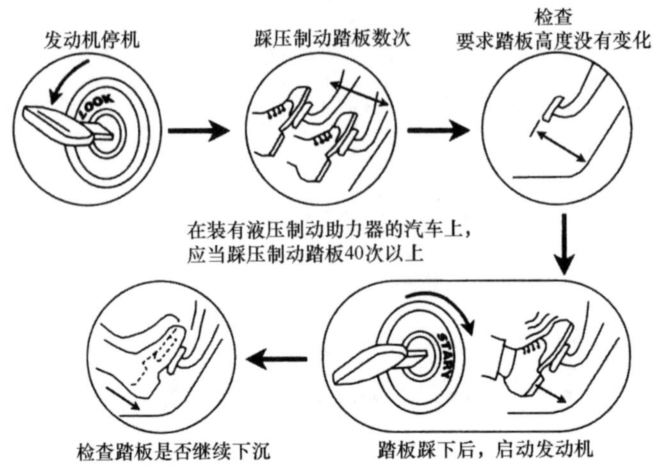

图 2-32　检查制动助力器工作示意图

（2）气密性检查。

操作规程：

起动发动机，让发动机运行 1～2min 然后停下，慢慢踩制动器踏板数次。检查制动器踏板是否一次比一次逐渐提高，如图 2-33 所示。

第一次踩制动器踏板时应大幅下降，但第二、第三次后位置逐渐上升，如果是这样，则表示制动助力器气密性好。

（3）真空检查。

操作规程：

在发动机运转时踩下制动器踏板，然后熄灭发动机。如果踏板在踏下 30s 后，保留距离没有变化，则制动助力器室中的真空压力没有泄漏，如图 2-34 所示。

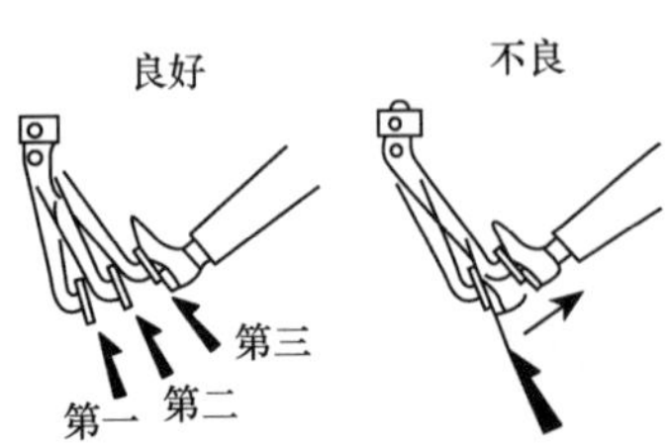

图 2-33　检查制动助力器气密性示意图

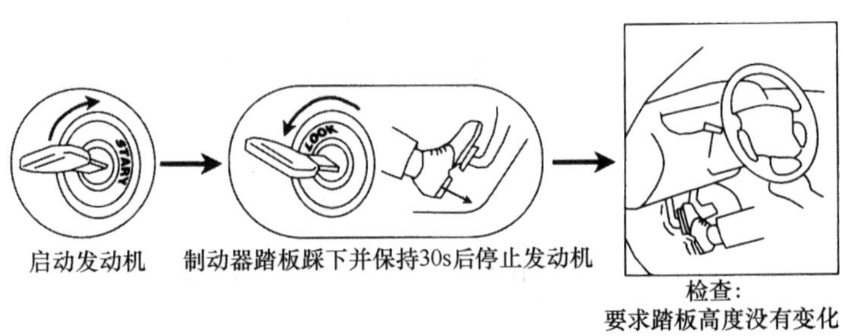

图 2-34　制动助力器真空检查示意图

四、驻车制动杆与行车制动器检查项目考核（40 分）

驻车制动杆与行车制动器检查项目考核表如表 2-14 所示。

表 2-14 驻车制动杆与行车制动器检查考核表

<table>
<tr><th>作业顺序</th><th>考核项目</th><th>配分</th><th>技术说明</th><th>得分</th></tr>
<tr><td colspan="5">驻车制动杆</td></tr>
<tr><td>1</td><td>检查驻车制动杆行程</td><td>4</td><td>拉动驻车制动杆，检查咔嗒声是否在预定的槽数内，并记录驻车制动杆行程响声数据</td><td></td></tr>
<tr><td>2</td><td>检查驻车制动指示灯</td><td>4</td><td>当点火开关位于“ON”时，拉动驻车制动杆到达第一个槽后，检查仪表板的指示灯是否点亮，并报出指示灯是否点亮</td><td></td></tr>
<tr><td colspan="5">行车制动器</td></tr>
<tr><td>3</td><td>检查制动器踏板应用状况（响应性）</td><td>3</td><td>连续踩动几下踏板，检查制动器踏板的响应性是否良好、是否能完全踩下、是否有异常噪声、是否有过度松旷，并报出各项是否良好</td><td></td></tr>
<tr><td colspan="5">行车制动器</td></tr>
<tr><td>4</td><td>检查制动器踏板应用状况（完全踩下）</td><td>3</td><td rowspan="3">连续踩动几下踏板，检查制动器踏板的响应性是否良好、是否能完全踩下、是否有异常噪声、是否有过度松旷，并报出各项是否良好</td><td></td></tr>
<tr><td>5</td><td>检查制动器踏板应用状况（异常噪声）</td><td>3</td><td></td></tr>
<tr><td>6</td><td>检查制动器踏板应用状况（过度松动）</td><td>3</td><td></td></tr>
<tr><td>7</td><td>测量制动器踏板高度</td><td>5</td><td>掀开地板垫，用直尺测量踏板高度，并记录踏板高度数据</td><td></td></tr>
<tr><td>8</td><td>测量制动器踏板自由行程</td><td>5</td><td>用手指轻轻按压制动器踏板并且使用一把直尺测量自由行程，记录自由行程数据</td><td></td></tr>
<tr><td>9</td><td>检查制动助力器工作情况（下沉）</td><td>5</td><td>先踩压制动器踏板数次，完全踩下踏板后，再起动发动机，检查制动器踏板是否下沉。并报出制动助力器工作是否良好</td><td></td></tr>
<tr><td>10</td><td>检查制动助力器真空功能（控制阀:高度不变）</td><td>5</td><td>起动发动机，制动器踏板踩下保持一定时间后停止发动机，检查制动器踏板高度是否不变，并报出制动助力器真空功能是否良好</td><td></td></tr>
</table>

指导教师签名： 总分：

五、“项目单元五　驻车制动杆与行车制动器检查”项目综合考核成绩统计

“项目单元五　驻车制动杆与行车制动器检查”项目综合考核成绩统计表如表 2-15 所示。

表 2-15　“项目单元五　驻车制动杆与行车制动器检查”项目综合考核成绩统计表

考核教师签字：__________

序号	考核内容	配分	评分标准	考核记录	扣分	得分
1	驻车制动杆与行车制动器检查项目理论知识考核	10	能完成所有题目，错漏一题扣 1 分			
2	驻车制动杆与行车制动器检查项目实践考核	40	能完成所有项目			
3	驻车制动杆与行车制动器检查项目考核	50	所有项目考核合格			
合计		100				

项目单元六　离合器检查

学习目的

1．知识要点

① 了解离合器检查的作用。

② 了解离合器检查的工作内容和技术要求。

2．技能要点

掌握离合器检查的方法和技术要求。

一、离合器检查的工作内容

1．检查离合器踏板工作状况

①踏板的回弹无力；②异常噪声；③过度松动；④感觉踏板重。

2．检查离合器踏板工作行程

①踏板高度；②踏板自由行程；③离合器分离点检查。

二、理论知识题（10分）

1. 填空题（2分）

离合器是发动机与变速器之间的__________，其接合或分离可以执行或中断发动机与传和系统之间的__________，可保证汽车平稳起步，防止传动系统过载。

2. 问答题（8分）

什么是离合器踏板自由行程？

三、实践操作题（40分）

按照离合器检查的各项工作操作规程进行操作。完成各项操作后，在离合器检查项目学生自我考核评价表的检查情况栏内打勾或记录检查数据，在自我评价栏内打勾，在学生自评成绩栏内作学生自评成绩，如表2-16所示。

表2-16 离合器检查项目学生自我考核评价表

维护项目作业顺序及项目作业确认、自我评价和学生自评成绩				
离合器检查				
序号	检查部位	检查项目	检查情况	自我评价
1	离合器	检查离合器踏板工作状况	踏板回弹有力	会　否
			踏板无异常噪声	会　否
			踏板无过度松动	会　否
			踏板不沉重	会　否
		检查离合器踏板高度	符合原厂规定，参考值150mm	会　否
		检查离合器踏板自由行程	符合原厂规定，参考值15~25mm	会　否
		检查离合器分离点	符合原厂规定，参考值25mm或更多	会　否
		检查离合器磨损、离合器噪声、离合器变重	换挡平稳，无异常噪声，踩踏板重量可以接受	会　否
学生自评成绩：				

1．检查离合器踏板工作状况

操作规程：

在踩下离合器踏板时，离合器踏板不应该出现：①踏板的回弹无力；②异常噪声；③过度松动；④感觉踏板重，如图2-35所示。

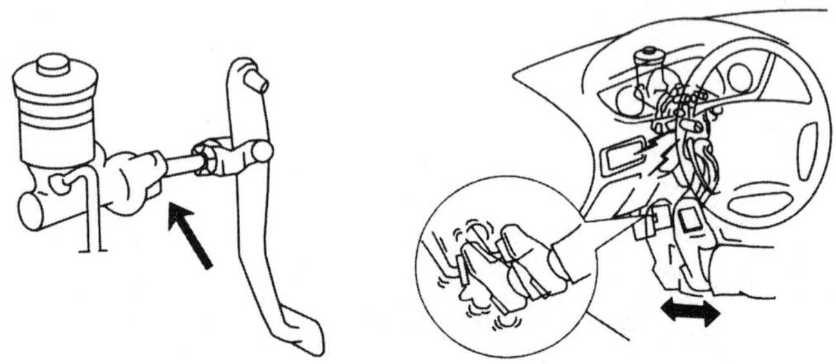

图2-35　检查离合器踏板工作状况示意图

2．检查离合器踏板工作行程

（1）检查离合器踏板高度。

操作规程：

使用一把测量标尺检查离合器踏板高度是否处于标准值以内。测量从地面到离合器踏板上表面的距离。如果必须从地毯表面开始测量，则从标准值中扣除地毯的厚度（踏板高度参考值150mm），如图2-36所示。

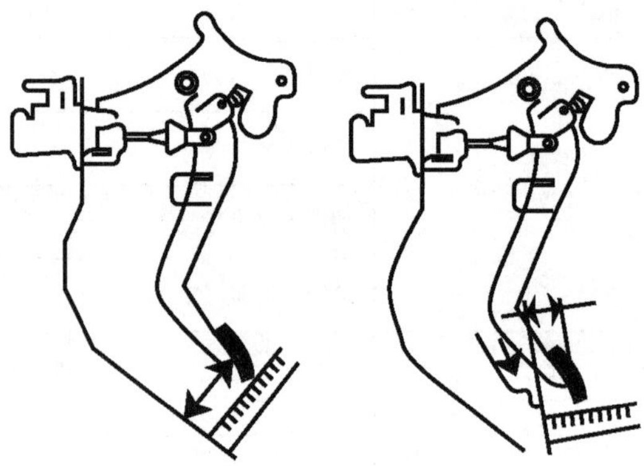

图2-36　离合器踏板高度和离合器踏板自由行程测量示意图

（2）离合器踏板自由行程。

操作规程：

用手指按压踏板直至感到有阻力为止，并使用一把测量直尺测量踏板的自由行程量（离合器踏板自由行程参考值 15～25mm)，如图 2-36 所示。

用手指按压踏板时，感觉踏板逐渐变重的过程分两步。第一步，踏板运动直到踏板推杆接触总泵活塞；第二步，踏板运动直到总泵引起液压上升。离合器分离轴承推动膜片弹簧向前，随着踏板发生一定量的移动，踏板自由行程也就被确定。

3. 离合器分离点检查

离合器分离点检查是判定离合器的分离情况。

操作规程：

（1）发动机怠速运转（为了安全，拉上驻车制动杆并踩下制动器）。

（2）不踩离合器踏板（离合器接合状态）缓慢将换挡杆向 1 挡或倒挡方向移动，当听到齿轮躁声时停止换挡杆的操作并保持齿轮噪声。

（3）保持齿轮噪声，缓慢踩下离合器踏板并测出齿轮噪声消失的位置（齿轮噪声消失的位置称为“分离点”）。

（4）用直尺测量齿轮噪声消失的位置到离合器踏板最大行程终了位置时的距离，即从离合器踏板行程终了位置至分离点（距离参考值 25mm 或更多），如图 2-37 所示。

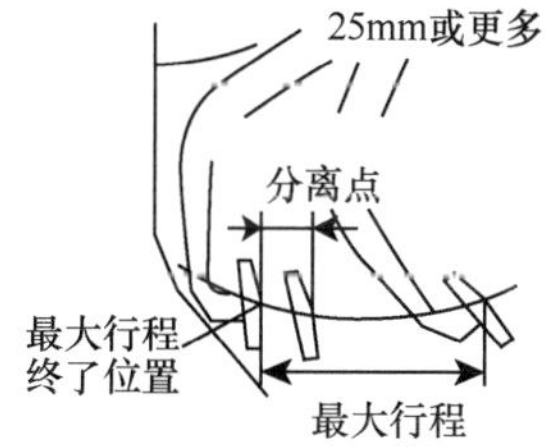

图 2-37 离合器分离点检查示意图

4. 检查离合器磨损、离合器噪声、离合器变重

离合器磨损、离合器噪声、离合器变重的检查是离合器性能检查。

操作规程：

在发动机怠速运转时，踩下离合器踏板，换到 1 挡或倒挡，并检查是否有异常噪声和换挡是否平稳。同时，检查在踩下踏板时其重量是否可以接受。

四、离合器检查项目考核（50 分）

离合器检查项目考核表如表 2-17 所示。

表 2–17 离合器检查项目考核表

作业顺序	考核项目	配分	技术说明	得分
1	检查离合器踏板工作状况	6 分	踏板回弹有力	
2		6 分	踏板无异常噪声	
3		6 分	踏板无过度松动	
4		6 分	踏板不沉重	

续表

作业顺序	考核项目	配分	技术说明	得分
5	检查离合器踏板高度	6 分	符合原厂规定，参考值 150mm	
6	检查离合器踏板自由行程	6 分	符合原厂规定，参考值 15～25mm	
7	检查离合器分离点	7 分	符合原厂规定，参考值 25mm 或更多	
8	检查离合器磨损、离合器噪声、离合器变重	7 分	换挡平稳，无异常噪声，踩踏板重量可以接受	

指导教师签名：　　　　总分：

五、“项目单元六　离合器检查”项目综合考核成绩统计

“项目单元六　离合器检查”项目综合考核成绩统计表如表 2-18 所示。

表 2-18　“项目单元六　离合器检查”项目综合考核成绩统计表

考核教师签字：__________

序号	考核内容	配分	评分标准	考核记录	扣分	得分
1	离合器检查项目理论知识考核	10	能完成所有题目，每错漏一题扣 1 分			
2	离合器检查项目实践考核	40	能完成所有项目			
3	离合器检查项目考核	50	所有项目考核合格			
合计		100				

项目单元七　转向盘、喇叭检查

学习目的

1．知识要点

① 了解转向盘、喇叭检查的作用。

② 了解转向盘、喇叭检查的工作内容和技术要求。

2．技能要点

掌握转向盘、喇叭检查的方法和技术要求。

一、转向盘、喇叭检查的工作内容

1. 检查转向盘

（1）检查转向盘的自由行程；（2）检查转向盘松动和摆动；（3）检查转向盘锁定功能。

2. 检查喇叭

（1）检查喇叭发声情况；（2）检查喇叭音量和音调。

二、理论知识题（10分）

1. 填空题（5分）

（1）转向盘是转向操纵系统的重要部件之一，《机动车运行安全技术条件》规定汽车转向盘应__________，操纵方便，__________现象。

（2）喇叭是汽车信号系统部件之一，其作用是警告其他车辆的驾驶员和行人注意。《机动车运行安全技术条件》规定汽车喇叭应具有__________，工作应可靠。

2. 问答题（5分）

什么是转向盘的自由行程？

三、实践题（40分）

按照转向盘、喇叭检查的各项工作操作规程进行操作。完成各项操作后，在转向盘、喇叭检查项目学生自我考核评价表的检查情况栏内打勾或记录检查数据，在自我评价栏内打勾，在学生自评成绩栏内填写学生自评成绩，如表2-19所示。

表2-19　　转向盘、喇叭检查项目学生自我考核评价表

维护项目作业顺序及项目作业确认、自我评价和学生自评成绩				
转向盘、喇叭检查				
序号	检查部位	检查项目	检查情况	自我评价
1	转向盘	测量自由行程	符合《机动车运行安全技术条件》规定，机动车转向盘的最大自由转动量从中间位置向左或向右转角如下：①最大设计车速大于或等于100km/h的机动车为10°；②最大设计车速小于100km/h的机动车为15°。	会　否

续表

维护项目作业顺序及项目作业确认、自我评价和学生自评成绩				
转向盘、喇叭检查				
序号	检查部位	检查项目	检查情况	自我评价
1	转向盘	检查松动和摆动	符合《机动车运行安全技术条件》的规定，应转动灵活，操纵方便，无阻滞现象，不松动或摆动。	会　否
		检查转向盘锁定功能	点火开关转动到“ACC”位置，转向盘不锁定并可自由移动	会　否
2	喇叭	检查发声	连续发声、工作可靠	会　否
		检查音量和音调	音量和音调正常	会　否
学生自评成绩：				

1. 检查转向盘

（1）检查转向盘自由行程。

操作规程：

在配备动力转向系统的车辆上，起动发动机后，使车辆笔直向前。如图 2-38 所示，轻轻移动转向盘，在车轮就要开始移动时，使用一把直尺测量转向盘的移动量，即自由行程。

（2）检查转向盘松动和摆动。

操作规程：

用两手握住转向盘。轴向地、垂直地或者向两侧移动转向盘，确保其没有松动或者摆动，如图 2-39 所示。

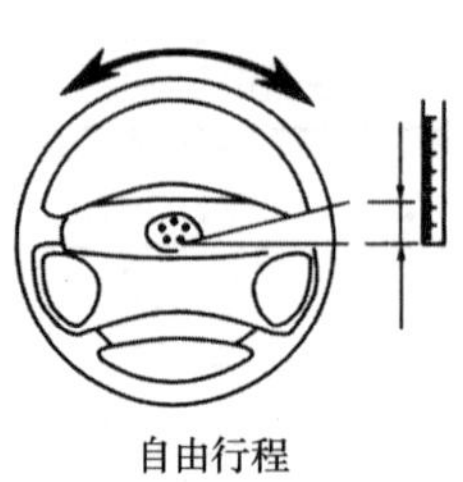

图 2-38　检查转向盘自由行程示意图

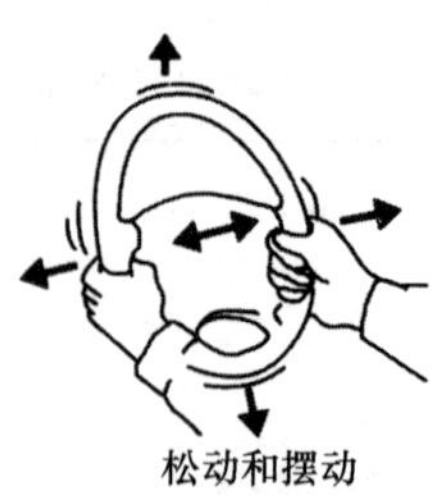

图 2-39　检查转向盘松动和摆动示意图

(3) 检查转向盘锁定功能。

操作规程：

将点火开关转动到“ACC”位置时，转向盘不锁定，可自由转动。点火开关转到“OFF”或取出点火开关钥匙后，转向盘被锁定，转向盘不能转动。

2. 检查喇叭

(1) 检查喇叭是否连续发声。

操作规程：

将转向盘向左转动一周的同时按喇叭开关，检查喇叭是否连续发声；再将转向盘向右转动一周的同时按喇叭开关，检查喇叭是否连续发声，如图 2-40 所示。

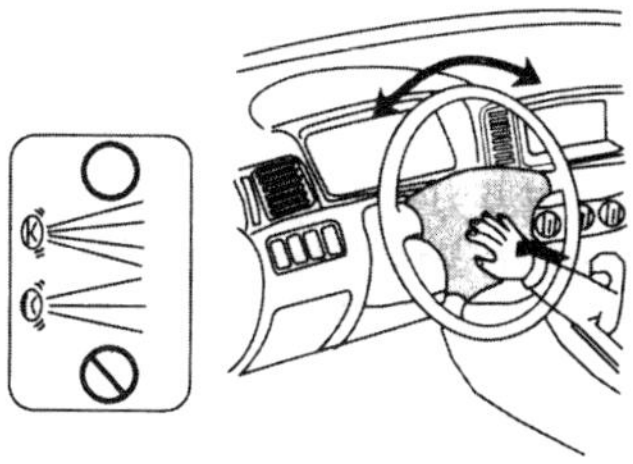

图 2-40　喇叭检查示意图

(2) 检查喇叭音量和音调。

操作规程：

在转向盘转动一周的同时按喇叭，检查喇叭是否发声，音量和音调是否稳定。

四、转向盘、喇叭检查项目考核（50 分）

转向盘、喇叭检查项目考核表如表 2-20 所示。

表 2-20　　转向盘、喇叭检查项目考核表

作业顺序	考核项目	配分	作业说明	得分
转向盘				
1	测量自由行程	10	测量自由行程，并报出自由行程是否正常	
2	检查松动和摆动	10	符合规定，应转动灵活，操纵方便，无阻滞现象，不松动或摆动	
3	检查转向盘锁定功能	10	符合规定，点火开关转动到“ACC”位置，转向盘不锁定并可自由移动	
喇叭				
4	检查发声	10	连续发声、工作应可靠	
5	检查音量和音调	10	音量和音调正常	

指导教师签名：　　　　总分：

五、"项目单元七　转向盘、喇叭检查"项目综合考核成绩统计

"项目单元七　转向盘、喇叭检查"项目综合考核成绩统计表如表 2-21 所示。

表 2-21　"项目单元七　转向盘、喇叭检查"项目综合考核成绩统计表

考核教师签字：___________

序号	考核内容	配分	评分标准	考核记录	扣分	得分
1	转向盘、喇叭检查项目理论知识考核	10	能完成所有题目，每错漏一题扣 1 分			
2	转向盘、喇叭检查项目实践考核	40	能完成所有项目			
3	转向盘、喇叭检查项目考核	50	所有项目考核合格			
合计		100				

项目单元八　汽车车身内外部件检查

学习目的

1．知识要点

① 了解汽车车身内外部件检查的作用。

② 了解汽车车身内外部件检查的工作内容和技术要求。

2．技能要点

掌握汽车车身内外部件检查的方法和技术要求。

一、汽车车身内外部件检查的工作内容

1．检查左前、左后、右前、右后车门

①检查门控灯开关工作情况；②检查座椅安全带性能；③检查座椅安全带螺栓和螺母紧固；④检查座椅螺栓和螺母紧固；⑤检查车门铰链螺栓和螺母紧固；⑥检查车门限位器工作情况。

2. 检查油箱盖

①检查油箱盖和垫片状态；②检查油箱盖真空阀状态；③检查油箱盖与车身的连接器；④检查油箱盖扭矩限制器性能。

3. 检查车灯

①检查车灯安装状况；②检查车灯是否损坏或有污垢。

4. 检查备用轮胎

①检查备用轮胎气压和气门漏气情况；②检查轮胎龟裂、损伤和有无金属嵌进物及其他异物；③检查轮胎花纹的深度和磨损情况；④检查轮圈和轮盘损坏或腐蚀、变形情况。

5. 检查行李箱

①检查行李箱盖的螺栓和螺母紧固情况；②检查行李箱盖控制灯开关。

6. 检查前、后悬架

①检查减振器的减振力；②检查车辆倾斜度。

7. 检查发动机舱

①检查发动机舱盖铰链的螺栓和螺母紧固情况；②拆卸机油加注盖。

二、理论知识题（填空题，20 分）

（1）车门检查项目包括检查门控灯开关工作情况；检查座椅__________；检查座椅安全带螺栓和螺母紧固；检查座椅螺栓和螺母紧固；检查__________螺栓和螺母紧固；检查车门限位器工作情况。

（2）当厢灯开关打到“DOOR”位置时，厢灯由__________控制。打开任何一扇车门时厢灯__________，而所有车门关闭后厢灯熄灭。

（3）座椅安全带性能检查主要检查安全带__________装置和__________功能。

（4）车门限位器的作用是限制__________。它能保护车门，限制车门开启到一定程度而不被损坏。

（5）汽车油箱盖是汽车重要的安全件。它的主要功能是在汽车行驶和停止时保证油箱的__________，在一定的压力条件下__________。

（6）车灯是汽车安全运行的重要部件之一，汽车有信号灯、雾灯、夜行照明灯等，各种灯光具有不同的用途。车灯的__________和车灯的__________是非常重要的。

（7）备用轮胎通常是为__________使用的，使用频率很少，但备胎也是橡胶制品，会__________、损坏，日常不注意保养，备胎就会变成废胎。

（8）悬架系统在现代汽车上是重要的总成之一，悬架弹性元件的作用是__________连接车桥和车架（或车身），缓和行驶中车辆受到的冲击力，保证货物完好和人员舒适。悬架减振器的作用是__________由于弹性元件引起的振动，使汽车行驶中保持稳定的姿势，改善操纵稳定性。

（9）发动机舱盖（又称引擎盖）是最醒目的车身构件之一，发动机舱盖开启时一般是向后翻转，打开至预定角度，它不应与前挡风玻璃__________，应有一个约为 10mm 的最小间距。为防止汽车在行驶过程中由于振动而发动机舱盖自行开启，发动机舱盖前端要有__________锁止装置。

（10）拆卸机油加注盖，是为排放发动机__________做准备工作。

三、实践操作题（40 分）

按照汽车车身内外部件检查的各项工作操作规程进行操作。完成各项操作后，在汽车车身内外部件检查项目学生自我考核评价表的检查情况栏内打勾或记录检查数据，在自我评价栏内打勾，在学生自评成绩栏内填写学生自评成绩，如表 2-22 所示。

表 2-22　　车身内外部件检查项目学生自我考核评价表

维护项目作业顺序及项目作业确认、自我评价和学生自评成绩				
汽车车身内外部件检查				
1	左前车门门控灯开关	检查工作情况（厢灯和车门指示灯的工作情况）	当厢灯开关打到“DOOR”位置时，门控灯开关控制厢灯有效	会　否
2	左前车门车身螺母和螺栓	检查座椅安全带的螺栓和螺母是否松动	座椅安全带所有的固定座的螺母及螺栓紧固牢靠	会　否
		检查座椅的螺栓和螺母是否松动	座椅所有的固定座的螺母及螺栓紧固牢靠	会　否
		检查车门铰链的螺栓和螺母是否松动	车门铰链所有的螺母及螺栓紧固牢靠	会　否
3	左后车门门控灯开关	检查工作情况（厢灯和车门指示灯的工作情况）	当厢灯开关打到“DOOR”位置时，门控灯开关控制厢灯有效	会　否
4	左后车门车身螺母和螺栓	检查座椅安全带的螺栓和螺母是否松动	座椅安全带所有的固定座的螺母及螺栓紧固牢靠	会　否
		检查座椅的螺栓和螺母是否松动	座椅所有的固定座的螺母及螺栓紧固牢靠	会　否
		检查车门铰链的螺栓和螺母是否松动	车门铰链所有的螺母及螺栓紧固牢靠	会　否

续表

维护项目作业顺序及项目作业确认、自我评价和学生自评成绩				
汽车车身内外部件检查				
5	油箱盖	检查是否变形和损坏	无变形或损坏	会　否
		检查连接状况	连接器完好	会　否
		油箱盖扭矩限制器	油箱盖扭矩限制器功能良好	会　否
6	后部车灯	检查安装状况	车灯安装牢固	会　否
		检查是否损坏或有污垢	车灯完好无损、无污垢	会　否
7	备用轮胎	检查是否有裂纹和损坏	车轮清洁，胎面无气鼓、裂伤、损坏	会　否
		检查是否嵌入金属颗粒或其他异物	轮胎无嵌入金属颗粒或其他异物	会　否
		测量胎面沟槽深度	轮胎气压标准：按原厂规定花纹深度不小于 1.6mm	会　否
		检查是否有异常磨损	轮胎无异常磨损	会　否
		检查气压	轮胎气压标准按原厂规定	会　否
		检查是否漏气	气门嘴完好、轮胎不漏气	会　否
		检查钢圈是否损坏或腐蚀	轮辋无变形、损坏或腐蚀	会　否
8	车身和行李箱螺母和螺栓	检查行李箱盖铰链的螺栓和螺母是否松动	行李箱盖铰链所有的螺母及螺栓紧固牢靠	会　否
9	后悬架	检查减振器的减振力	符合原厂规定，按下车身松开后，感觉到车身回弹次数 1～2 次	会　否
		检查车辆倾斜度	符合原厂规定，车体应周正，车体外缘左右对称部位高度差不得大于 40mm	会　否
10	右后车门门控灯开关	检查工作情况（厢灯和车门指示灯的工作情况）	当厢灯开关打到“DOOR”位置时，门控灯开关控制厢灯有效	会　否
11	右后车门车身螺母和螺栓	检查座椅安全带的螺栓和螺母是否松动	座椅安全带所有的固定座的螺母及螺栓紧固牢靠	会　否
		检查座椅的螺栓和螺母是否松动	座椅所有的固定座的螺母及螺栓紧固牢靠	会　否
		检查车门铰链的螺栓和螺母是否松动	车门铰链所有的螺母及螺栓紧固牢靠	会　否
12	右前车门门控灯开关	检查工作情况（厢灯和车门指示灯工作情况）	当厢灯开关打到“DOOR”位置时，门控灯开关控制顶灯有效	会　否
13	右前车门车身螺母和螺栓	检查座椅安全带的螺栓和螺母是否松动	座椅安全带所有的固定座的螺母及螺栓紧固牢靠	会　否

续表

维护项目作业顺序及项目作业确认、自我评价和学生自评成绩				
汽车车身内外部件检查				
13	右前车门车身螺母和螺栓	检查座椅的螺栓和螺母是否松动	座椅所有的固定座的螺母及螺栓紧固牢靠	会　否
		检查车门铰链的螺栓和螺母是否松动	车门铰链所有的螺母及螺栓紧固牢靠	会　否
14	前部车灯	检查安装状况	车灯安装牢固	会　否
		检查是否损坏或有污垢	车灯完好无损、无污垢	会　否
15	前悬架	检查减振器的阻尼状态	符合原厂规定，按下车身松开后，感觉到车身回弹次数 2～3 次	会　否
		检查车辆倾斜度	符合原厂规定，车体应周正，车体外缘左右对称部位高度差不得大于 40mm	会　否
16	发动机舱	检查发动机舱盖铰链螺栓和螺母是否松动	发动机舱盖铰链所有的螺母及螺栓紧固牢靠	会　否
		拆卸机油加注口盖	拆卸机油加注口盖	会　否
学生自评成绩：				

1. *检查左前、左后、右前、右后车门*

（1）检查门控灯开关工作情况。

操作规程：

将厢灯开关打到“DOOR”位置，打开任何一扇车门厢灯变亮；关闭所有的车门后厢灯熄灭。有些车型配备照明进入系统，关闭车门后厢灯不会立即熄灭，需要等待几秒钟后才熄灭，如图 2-41 所示。

（2）检查座椅安全带性能（安全带预收紧装置和拉力限制器功能）。

操作规程：

① 缓慢拉动安全带，安全带可以被拉出，表明安全带的伸缩性良好。放开安全带，安全带可以自动收回，表明安全带预紧装置良好。

② 轻轻而快速地拉动安全带，安全带可以急停，表明安全带的急停性和拉力限制器良好，如图 2-42 所示。

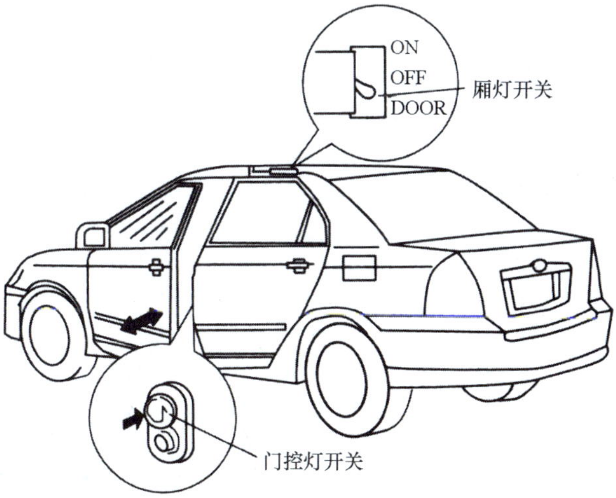

图 2-41 检查门控灯开关工作情况示意图

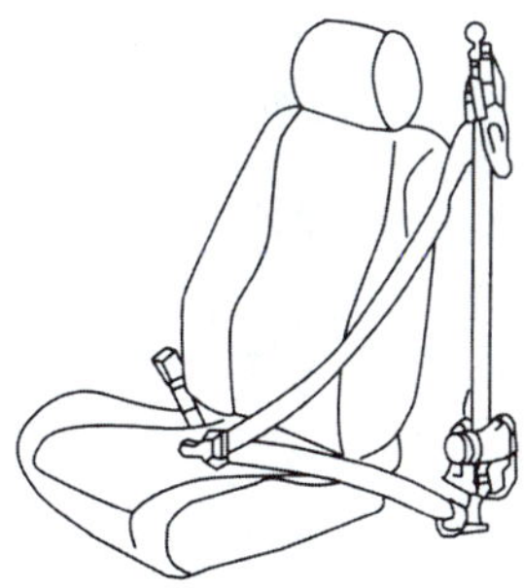

图 2-42 座椅安全带机构示意图

（3）检查座椅安全带和座椅螺栓和螺母紧固。

操作规程：

用手上下左右摇摆座椅和安全带固定座，检查座椅安全带和座椅螺栓和螺母的紧固情况。

（4）检查车门铰链螺栓和螺母紧固。

操作规程：

通过来回打开车门，检查开闭车门是否费劲、车门是否下沉、车门铰链关闭灵不灵等，确认车门铰链螺栓和螺母紧固情况，如图 2-43 所示。

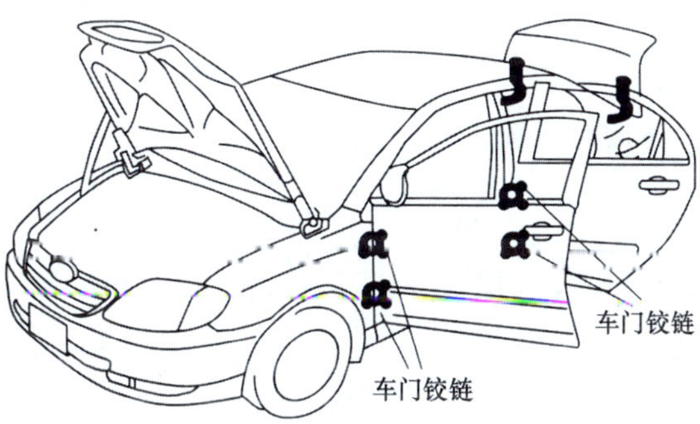

图 2-43 检查车门铰链位置示意图

（5）检查车门限位器工作情况。

操作规程：

将车门打开到不同的位置，检查车门限位器能否有效保持车门打开位置。

2. 检查油箱盖

（1）检查油箱盖和垫片状态。

操作规程：

打开燃油箱盖，检视燃油箱盖和垫片是否有变形或损坏情况。

（2）检查油箱盖真空阀状态。

操作规程：

观察油箱盖上的小孔，以检视油箱盖的真空阀是否堵塞。

（3）油箱盖与车身的连接器。

操作规程：

检查油箱盖与车身的连接器连接是否良好，如图 2-44 所示。

（4）检查油箱盖扭矩限制器性能。

操作规程：

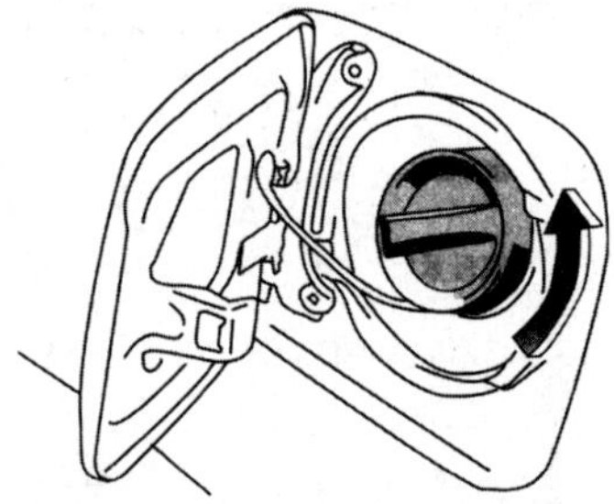

图 2-44 油箱盖结构示意图

将油箱盖拧紧到一定程度时，油箱盖扭矩限制器实时检测出规定值后，会发出“咔嗒”声，如果听到油箱盖发出 3 声“咔嗒”声，而且能够自由转动油箱盖，说明扭矩限制器工作状况正常，如图 2-44 所示。

3. 检查车灯

（1）检查车灯安装状况。

操作规程：

用手检查车灯是否松动，如图 2-45 所示。

（2）检查车灯是否损坏或有污垢。

操作规程：

检查车灯是否损坏或有污垢，通过检查确保各灯的灯罩和反光镜没有褪色或者因为碰撞而损坏。同时，检查灯内是否有污物或者有水进入，如图 2-45 所示。

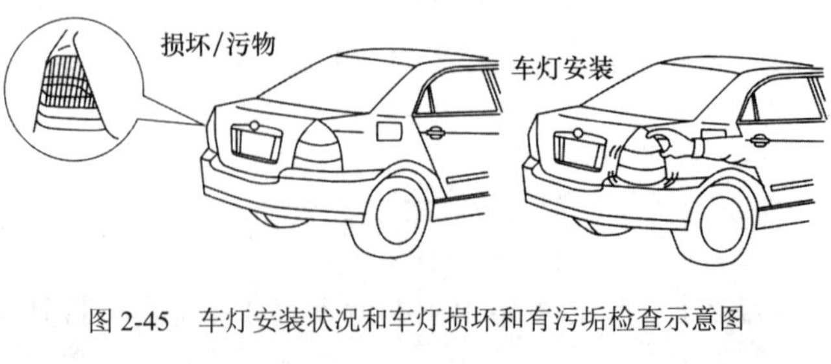

图 2-45 车灯安装状况和车灯损坏和有污垢检查示意图

4. 检查备用轮胎

（1）检查备用轮胎气压和气门漏气情况。

操作规程：

在轮胎冷却时检查轮胎气压。只有车辆至少已经停车 3h，或行驶不超过 1.5km 的状态下，才能得到正确的冷轮胎充气压力读数。

① 使用轮胎气压表检查气压，轮胎标准气压值标示在驾驶室车门（B 柱附近）旁边的标签上。气压不正常时，需调整至标准气压，如图 2-46 所示。

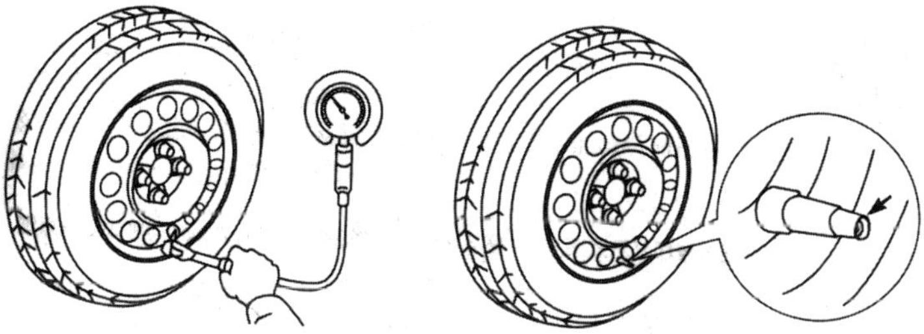

图 2-46 用轮胎气压表检查气压示意图

② 检查气压后，通过在气门周围涂肥皂水检查是否漏气，并确认安装上轮胎气门嘴盖。没有气门嘴盖，灰尘或湿气将进入气门芯并导致漏气。

（2）检查轮胎龟裂、损伤和有无金属嵌物或其他异物。

操作规程：

转动车轮至少一圈以上，在转动车轮的同时目测检查胎壁和胎面有无裂纹、割痕、龟裂或其他损坏，并检查轮胎胎面有无金属嵌物及其他异物，如图 2-47 所示。

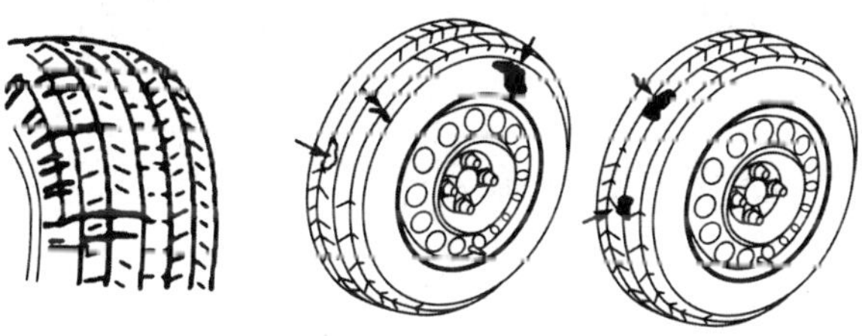

图 2-47 轮胎龟裂、损伤示意图

（3）检查轮胎花纹的深度和磨损情况。

轮胎花纹的深度，如图 2-48 所示。

操作规程：

① 用胎面磨耗指示器来检查轮胎胎面，胎面磨耗指示器的位置以“Δ”标记来表示，铸造在每个轮胎的侧壁上。检查表示轮胎与地面接触状态的胎面磨损指示标记是否显现出来，如图 2-49 所示。

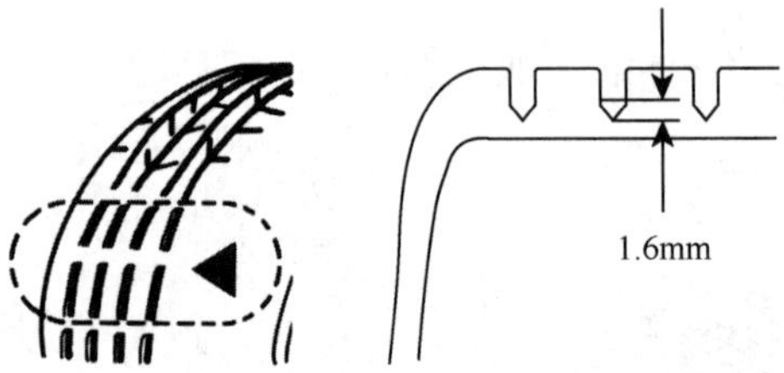

图 2-48　轮胎花纹的深度示意图

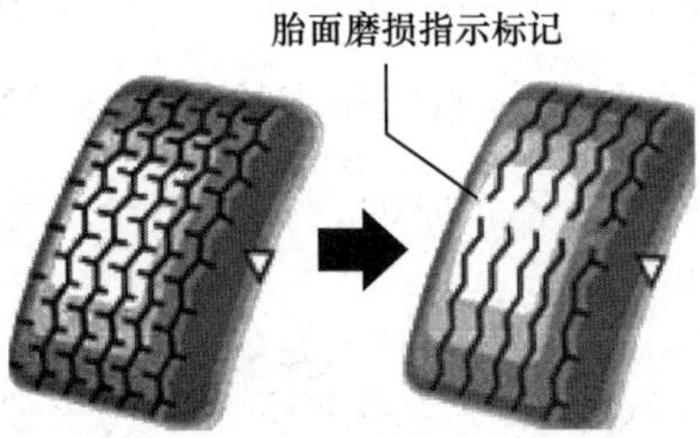

图 2-49　胎面磨损指示标记示意图

② 使用测量钢尺或轮胎深度规测量胎面沟槽深度。胎面深度磨耗至 1.6mm 时，应更换轮胎，如图 2-50 所示。

（4）检查轮圈和轮盘损坏、腐蚀、变形情况。

操作规程：

目测检查两面的轮圈和轮盘是否损坏、腐蚀或变形，如图 2-51 所示。

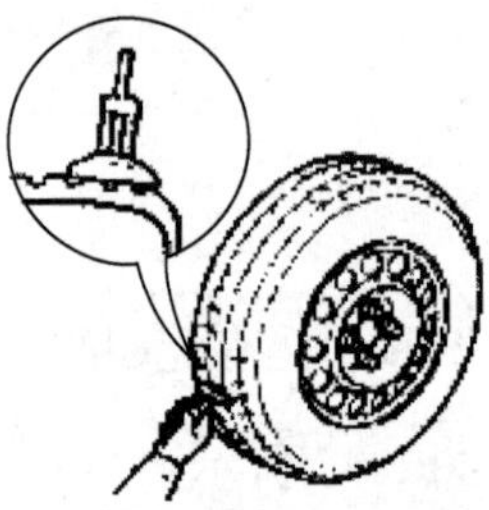

图 2-50　轮胎深度规测量胎面沟槽深度示意图

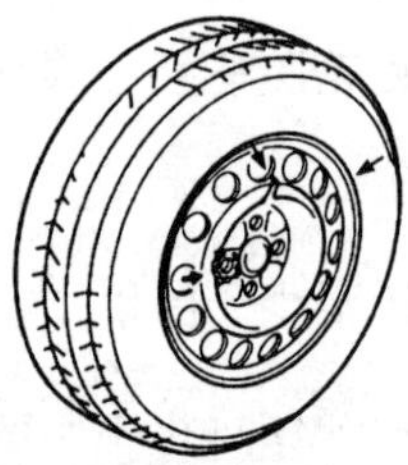

图 2-51　轮圈和轮盘的损坏或腐蚀、变形示意图

5. 检查行李箱

（1）检查行李箱盖铰链螺栓和螺母紧固情况。

操作规程：

上下来回打开行李箱盖，检查行李箱铰链是否良好，如图 2-52 所示。

（2）检查行李箱盖控制灯开关。

操作规程：

当打开行李箱盖时，观察行李箱照明灯是否会自动点亮；当关闭行李箱盖时，观察照明灯是否会自动熄灭。

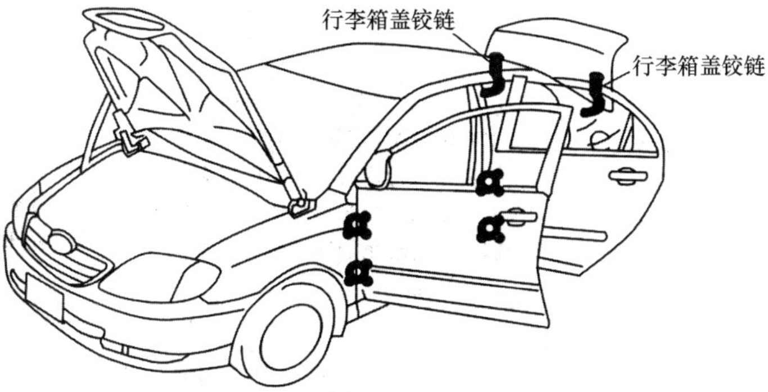

图 2-52　行李箱盖铰链安装位置示意图

6. 检查前、后悬架

（1）检查减振器的减振力。

操作规程：

通过上下摇动车身确定减振器的减振力大小，如图 2-53 所示，并且检查车身停止摇动需要花费的时间。按下车身松开后，感觉到车身回弹次数 1～2 次。

（2）检查车辆倾斜度。

操作规程：

目测检查车辆是否倾斜。车体外缘左右对称部位高度差不得大于 40mm，如图 2-54 所示。

如果车辆倾斜，则需要验证轮胎气压是否一致，左、右轮胎或者车轮尺寸的偏差及不均匀的车辆负荷分配。

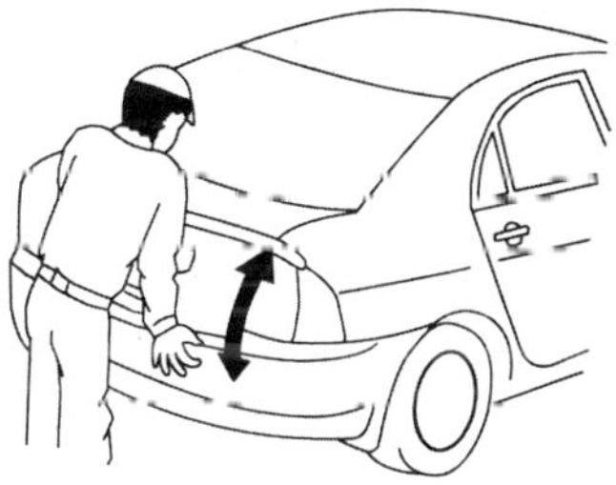

图 2-53　检查减振器的减振力示意图

图 2-54　检查车辆倾斜度示意图

7. 检查发动机舱

（1）检查发动机舱盖铰链螺栓和螺母紧固情况。

操作规程：

发动机舱盖锁开启后，来回打开发动机舱盖，检查螺栓和螺母紧固情况。

（2）拆卸机油加注盖。

拆卸机油加注口盖，为排放发动机机油做准备工作，如图 2-55 所示。

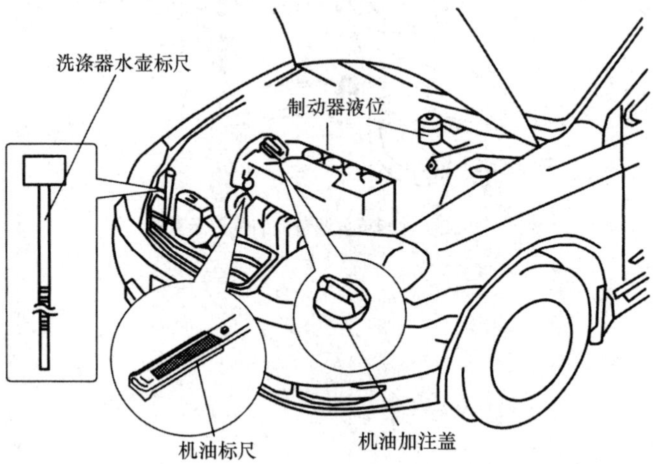

图 2-55　拆卸机油加注盖示意图

四、车身内外部件检查项目考核（40 分）

车身内外部件检查项目考核表如表 2-23 所示。

表 2-23　车身内外部件检查考核表

作业顺序	考核项目	配分	作业说明	得分
左前车门门控灯开关				
1	检查工作情况（厢灯和指示灯工作情况）	2	钥匙打到“ON”挡，打开一扇车门时门灯点亮，所有门关闭时门灯熄灭。并报出门灯是否良好	
螺母和螺栓				
2	检查座椅安全带的螺栓和螺母是否松动	2	轻轻拉动安全带检查安全带伸张性，紧急拉动安全带检查安全带急停性，并报出安全带是否良好	
3	检查座椅的螺栓和螺母是否松动	2	摇动座椅进行检查，并报出座椅螺栓是否良好	
4	检查车门的螺栓和螺母是否松动	2	摇动车门进行检查，并报出车门螺栓是否良好	
油箱盖				
5	检查是否变形或损坏	2	打开油箱盖，检查油箱盖或者垫片是否变形或损坏，进一步上紧油箱盖时，检查油箱盖是否发出咔嗒声及是否能自由转动	

续表

作业顺序	考核项目	配分	作业说明	得分
油箱盖				
6	检查连接状况	2	目测检查油箱盖与车身的连接器的连接，报出连接是否良好	
车灯				
7	检查安装状况	2	用手检查车灯是否松动，报出车灯安装是否良好	
8	检查是否损坏或有污垢	2	目测检查车灯灯罩和反光镜是否有褪色、碰撞的损坏和污物或有水进入	
备用轮胎				
9	检查是否有裂纹和损坏	2	转动轮胎一圈，目测检查胎壁和胎面有无裂纹、割痕或其他损坏，并报出是否有裂纹或损坏	
10	检查是否嵌入金属颗粒或其他异物	2	转动轮胎一圈，目测检查并报出胎面和胎壁是否嵌入金属颗粒、石子或其他异物	
11	测量胎面沟槽深度	2	使用测量钢尺测量胎面沟槽深度，并记录沟槽深度数据	
12	检查是否有异常磨损	2	转动轮胎一圈，目测检查并报出车胎整个外围是否有均匀磨损或阶段磨损	
13	检查气压	2	用气压表测量轮胎气压，并记录气压数据	
14	检查是否漏气	2	通过在气门周围涂肥皂水，目测检查并报出气门是否有漏气现象	
15	检查钢圈是否损坏或腐蚀	2	翻转车轮，目测检查并报出两面的轮圈和轮盘是否损坏、腐蚀、变形	
螺母和螺栓				
16	检查行李箱门的螺栓和螺母是否松动	2	上下摇动行李箱门，检查并报出行李箱门的铰链是否良好	
后悬架				
17	检查减振器的阻尼状态	2	通过上下摇动车身确定减震器的缓冲力大小，并报出悬架是否良好	
18	检查车辆倾斜度	2	以一定的姿势来目测检查并报出车身倾斜度是否良好	
发动机舱				
19	检查发动机舱盖的螺栓和螺母是否松动	2	上下摆动发动机舱盖，用手指向检查部位，检查发动机舱盖铰链是否良好	

续表

作业顺序	考核项目	配分	作业说明	得分
发动机舱				
20	拆卸机油加注口盖	2	拆卸机油加注口盖，并报出“正在拆卸机油加注口”	

指导教师签名：　　　　　　　　　　　　　　　　　　　　　　　总分：

五、“项目单元八　车身内外部件检查”项目综合考核成绩统计

“项目单元八　车身内外部件检查”项目综合考核成绩统计表如表 2-24 所示。

表 2-24　　“项目单元八　车身内外部件检查”项目综合考核成绩统计表

考核教师签字：____________

序号	考核内容	配分	评分标准	考核记录	扣分	得分
1	车身内外部件检查项目理论知识考核	20	能完成所有题目，每错漏一题扣 1 分			
2	车身内外部件检查项目实践考核	40	能完成所有项目			
3	车身内外部件检查项目考核	40	所有项目考核合格			
合计		100				

项目三 3 定期维护项目之汽车底部检查

项目单元一 汽车底部各总成件外部泄漏和安装件检查

学习目的

1．知识要点

① 了解汽车底部各总成件外部泄漏和安装件检查的作用。

② 了解汽车底部各总成件外部泄漏和安装件检查的工作内容和技术要求。

2．技能要点

掌握汽车底部各总成件外部泄漏和安装件的检查方法和技术要求。

汽车底部各总成件外部泄漏、损坏和安装件检查，需将汽车举升至相应位置，如图 3-1 所示。

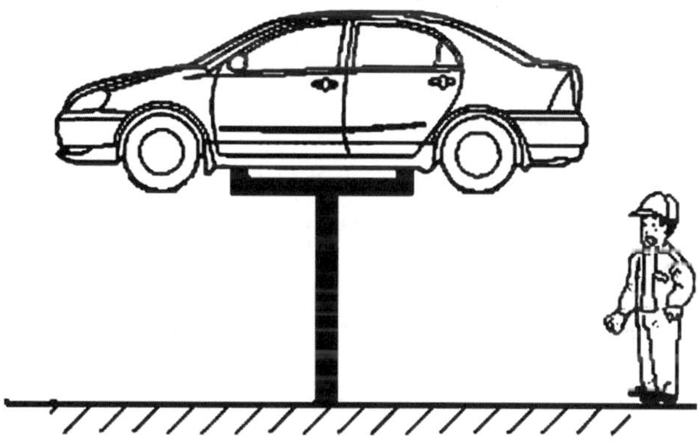

图 3-1 汽车底部检查举升位置示意图

一、汽车底部各总成件外部泄漏和安装件检查的工作内容

（1）检查发动机机油：①检查发动机外部是否漏油；②排放发动机旧机油。

（2）检查手动变速器、驱动桥油：①检查手动变速器、驱动桥外部是否漏油；②检查手动变速器、驱动桥油位。

（3）检查自动变速器：①检查自动变速器外部是否漏油；②检查自动变速器油位。

（4）检查发动机传动带：①检查发动机传动带张紧度；②检查传动带的整个外围是否有磨损、裂纹、层离或者其他损坏。

（5）检查驱动轴防尘套：①检查驱动轴防尘套是否有裂纹和其他损坏；②检查驱动轴防尘套卡箍是否安装牢固；③检查驱动轴防尘套外部润滑脂是否渗漏。

（6）检查转向传动机构：①检查转向传动机构是否松动和摆动；②检查转向传动机构是否弯曲和损坏；③检查球节防尘罩是否损坏。

（7）检查动力转向油液：①检查动力转向液是否渗漏，重点检查齿轮箱、PS 叶轮泵、液体管路和连接点；②检查动力转向 PS 软管是否有裂纹或其他损坏。

（8）检查制动管路：①检查制动管路连接部分是否有液体渗漏；②检查制动管路是否有凹痕或者其他损坏；③检查制动管路软管是否有扭曲、磨损、开裂、隆起等；④检查制动管路安装状况。

（9）检查燃油管路：①检查燃油管路是否渗漏；②检查燃油管路是否损坏。

（10）检查排气管道及安装件：①检查排气管、消声器、垫片是否损坏；②检查排气管支架上的 O 形圈是否损坏或脱离；③检查排气管是否渗漏。

（11）检查悬架：①检查转向节、减振器、螺旋弹簧、稳定杆、下臂、拖臂和桥梁是否损坏；②检查减振器是否漏油。

（12）检查发动机机油滤清器更换。

（13）检查发动机机油排放塞更换。

二、理论知识题（填空题 20 分）

（1）发动机机油消耗的原因除了在发动机工作中随燃油燃烧正常消耗外，也有可能是发动机外部漏油造成的。因此，必须做发动机外部油液__________检查。

（2）发动机机油去除了发动机中的污垢和油污，它会__________，甚至__________。

（3）一般手动变速器、驱动桥油不会随着行驶里程的增加而发生油量减少。油液的减少一般都是由于__________造成的。

（4）驱动轴防尘套内填充着起润滑作用的润滑脂。防尘套一旦破损，__________飞溅和泥水进入，则不能起到润滑和＿＿＿＿＿作用。因此，须定期做驱动轴防尘套检查。

（5）转向系统不正常如转向传动机构弯曲或不正常时，车辆不能＿＿＿＿＿行驶或转向轨迹与正常相比变大或变小。

（6）现代轿车普遍采用的动力转向系统，是在机械转向系统的基础上加设一套依靠输出＿＿＿＿＿动力（压缩空气、电力和液压）的转向加力装置而形成的。

（7）制动管路是制动系统的组成部分，为制动系统输送压力油液。如果制动管路有故障，会导致＿＿＿＿＿的情况，因此，对制动系统进行检查维护是必要的。

（8）汽车燃油管路是汽车燃料供给系统的组成部分，它在发动机工作时输送燃油。如果燃油管路有故障，如渗漏或损坏，将会影响发动机的＿＿＿＿＿，甚至会发生＿＿＿＿＿事故。因此，必须做定期检查。

（9）排气管道及安装件是汽车燃料供给系统的组成部分，为发动机排出燃烧废气。如果排气管道及安装件有故障，如渗漏、损坏，将会造成废气＿＿＿＿＿，影响＿＿＿＿＿。

（10）汽车悬架是保证乘坐舒适性的重要部件，也是保证汽车＿＿＿＿＿的重要部件。如果汽车悬架发生故障，会造成汽车乘坐舒适性变坏和汽车＿＿＿＿＿变差。因此，必须定期检查悬架。

（11）发动机机油滤清器堵塞，机油则不能＿＿＿＿＿滤芯，会胀破滤芯或打开安全阀，从旁通阀通过，仍把脏物带回＿＿＿＿＿，促使发动机磨损加快，内部的污染加剧。

（12）发动机机油滤清器须＿＿＿＿＿，机油滤清器可在＿＿＿＿＿＿＿＿更换。

三、实践操作题（40 分）

按照汽车底部各总成件外部泄漏和安装件检查的各项工作操作规程进行操作。完成各项操作后，在汽车底部各总成件外部泄漏和安装件检查学生自我考核评价表的检查情况栏内打勾或记录检查数据，在自我评价栏内打勾，在学生自评成绩栏内作学生自评成绩，如表 3-1 所示。

表 3–1　汽车底部各总成件外部泄漏和安装件检查项目学生自我考核评价表

维护项目作业顺序及项目作业确认、自我评价和学生自评成绩				
汽车底部各总成件外部泄漏和安装件检查				
序号	检查部位	检查项目	检查情况	自我评价
1	发动机机油（排放）	检查是否漏油（发动机各部位的配合表面）	发动机各部位的配合表面无泄漏	会　否

续表

维护项目作业顺序及项目作业确认、自我评价和学生自评成绩				
汽车底部各总成件外部泄漏和安装件检查				
序号	检查部位	检查项目	检查情况	自我评价
1	发动机机油（排放）	检查是否漏油（油封）	发动机各油封无泄漏	会　否
		检查是否漏油（排放塞）	发动机机油排放塞无泄漏	会　否
		排放发动机机油	排放发动机旧机油	会　否
2	传动带	检查是否变形	无变形	会　否
		检查是否损坏（磨损、裂纹、层离或其他损坏）	无龟裂和过量磨损、裂纹、层离或其他损坏，且表面无油污	会　否
		检查安装状况（传动带张力检查）	符合原厂规定，以 98N 力压下，挠度为 3～5mm	会　否
3	驱动轴防尘套	检查是否有裂纹、损坏（外侧）	无裂纹和损坏	会　否
		检查是否有裂纹、损坏（内侧）	无裂纹和损坏	会　否
		检查是否有泄漏（外侧）	无泄漏	会　否
		检查是否有泄漏（内侧）	无泄漏	会　否
4	转向传动机构	检查是否松动和摇摆	符合原厂规定，无过度松动和摇摆	会　否
		检查是否弯曲和损坏	符合原厂规定，无弯曲和损坏	会　否
		检查球节防尘罩是否有裂纹和损坏	符合原厂规定，无裂纹	会　否
5	制动管路	检查是否泄漏	管路和连接处等无泄漏	会　否
		检查制动管路上的压痕或其他损坏	管路和连接处等无压痕或其他损坏	会　否
		检查制动管路软管扭曲、裂纹和凸起	管路和连接处等无扭曲、裂纹和凸起	会　否
		检查制动器管道和软管的安装状况	安装紧固和牢靠。制动管线与车轮或车身不接触也不被拉得很紧	会　否
6	燃油管路	检查燃油管路是否泄漏	管路和连接处等无泄漏	会　否
		检查燃油管路是否损坏	管路无老化、裂损，接头无破损、渗漏，紧固可靠	会　否
7	排气管和安装件	检查排气管是否损坏	排气歧管和消声器各部分完好，衬垫齐全，无裂纹，无漏气，消声器性能良好，排气管固定可靠	会　否
		检查消声器是否损坏	消声器各部分完好，衬垫齐全，无裂纹，无漏气，性能良好	会　否

续表

维护项目作业顺序及项目作业确认、自我评价和学生自评成绩				
汽车底部各总成件外部泄漏和安装件检查				
序号	检查部位	检查项目	检查情况	自我评价
7	排气管和安装件	检查排气管吊挂是否损坏或脱落	排气管安装固定可靠	会　否
		检查密封垫片是否损坏	密封垫片无损坏	会　否
		检查排气管是否泄漏	排气管无泄漏	会　否
8	悬架	检查是否损坏（转向节）	无损坏	会　否
		检查是否损坏（前减振器）	无损坏，定位可靠	会　否
		检查是否损坏（后减振器）	无损坏，定位可靠	会　否
		检查是否泄漏（前减振器）	无泄漏	会　否
		检查是否泄漏（后减振器）	无泄漏	会　否
		检查是否损坏（前减振器螺旋弹簧）	无损坏	会　否
		检查是否损坏（后减振器螺旋弹簧）	无损坏	会　否
		检查是否损坏（下臂）	无损坏	会　否
		检查是否损坏（稳定杆）	稳定杆无凹陷、裂纹或其他损伤	会　否
		检查是否损坏（拖臂和后桥）	无损坏	会　否
9	发动机机油排放塞、机油滤清器	更换排放塞衬垫	更换新排放塞衬垫	会　否
		安装紧固排放塞	符合原厂规定，拧紧力矩参考值 45N·m	会　否
		更换机油滤清器	符合原厂规定	会　否
学生自评成绩				

1．检查发动机机油

（1）检查发动机外部是否漏油。

操作规程：

在汽车底部检查发动机各部位的配合表面、油封、排放塞等，如图 3-2 所示。

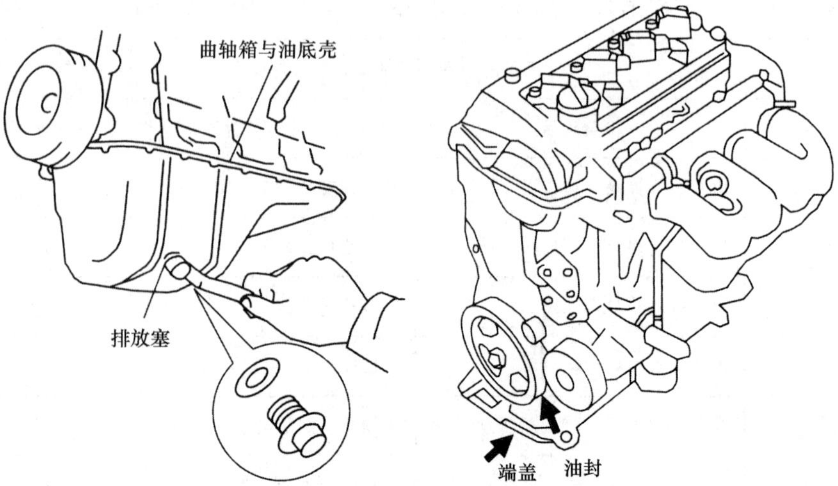

图 3-2　检查发动机各部位油液泄漏示意图

（2）排放发动机旧机油。

操作规程：

在汽车发动机油底壳找到机油排放塞，使用相应的梅花扳手旋出机油排放塞，并将机油排放到废机油盆中，如图 3-2 所示。

2. 检查手动变速器、驱动桥油

（1）检查手动变速器、驱动桥外部是否漏油。

操作规程：

在汽车底部检查手动变速器、驱动桥外部的壳接触面、轴和拉索伸出的区域、油封、排放塞和加注塞等是否漏油，如图 3-3 所示。

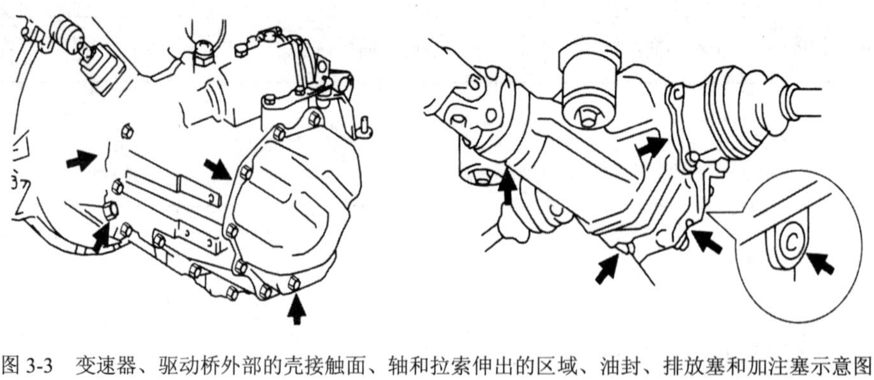

图 3-3　变速器、驱动桥外部的壳接触面、轴和拉索伸出的区域、油封、排放塞和加注塞示意图

（2）检查手动变速器、驱动桥油位。

操作规程：

① 在汽车底部，找到手动变速器、驱动桥上的机油加注塞，用相应的扳手拆卸机油加注塞。

② 油面应低于加注口下边缘 5mm 以内。将手指插入加注孔内，检查油与手指接触的位置，如图 3-4 所示。

③ 安装机油加注塞和新垫圈（紧固力矩参考值 39N・m）。

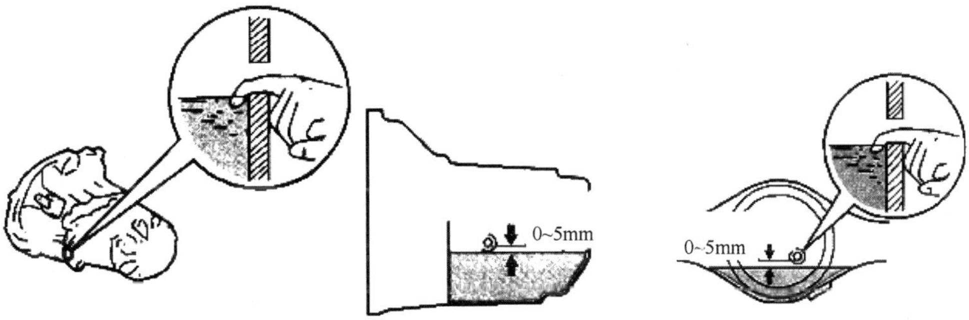

图 3-4 手动变速器、驱动桥油位检查示意图

3. 检查自动变速器

（1）检查自动变速器外部是否漏油。

操作规程：

在汽车底部检查自动变速器外部的壳接触面、轴和拉索伸出的区域、油封、排放塞、加注塞和管道、软管接头等是否漏油。

（2）检查自动变速器油位。

操作规程：

① 将车辆停放在平坦地面上（将车辆置于水平），拉上驻车制动杆。起动发动机热车，使自动变速器油液温度达到（70±5）℃。

② 在发动机怠速及制动器踏板踩下状态时，按照从“P”到“L”的整个范围内转换换挡杆，然后回到“P”位置。

③ 抽出油标尺用干净的抹布擦净后，重新完全插入油标尺导管，再拉出油标尺检查油平面是否在“HOT”位置，如图 3-5 所示。

液位高度必须处于油标尺上的刻度“HOT”的范围内，如图 3-6 所示。

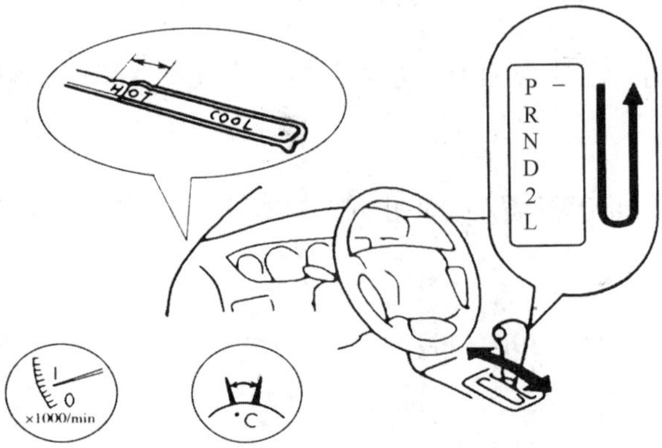

图 3-5　自动变速器油位检查示意图

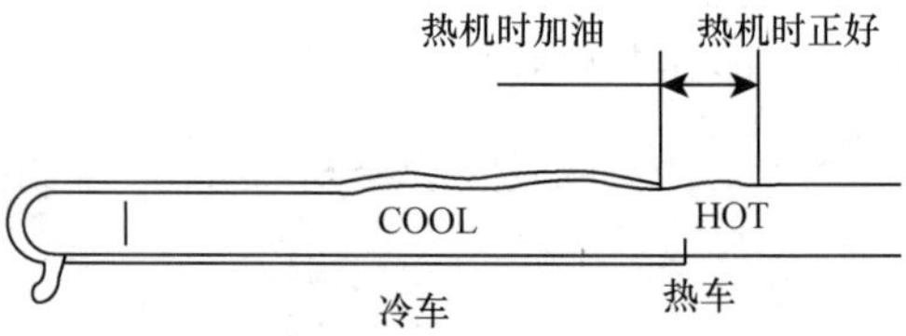

图 3-6　自动变速器油标尺示意图

4. 检查发动机传动带

（1）检查发动机传动带张紧度。

操作规程：

① 通过在维修手册中规定的区域，施加一个 98N 的力检查松紧程度，如图 3-7 所示。

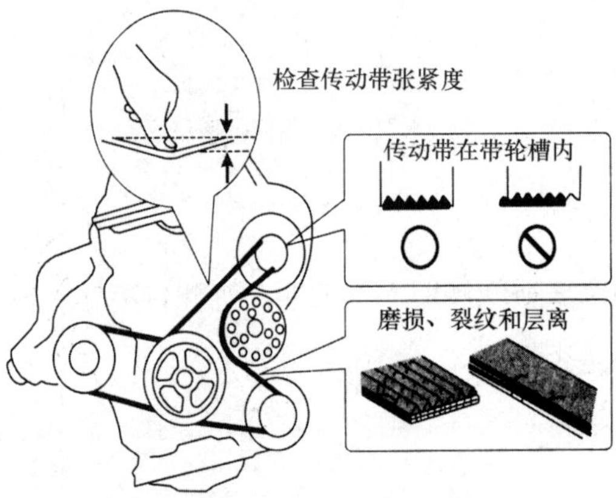

图 3-7　发动机传动带检查示意图

② 检查传动带张力的另外一个方法是使用一个带张力计。

（2）检查传动带是否有磨损、裂纹、层离或者其他损坏。

操作规程：

① 查看传动带是否有过度磨损、帘线损坏等。

② 检查传动带是否正在带轮槽内，如图 3-7 所示。

5. 检查驱动轴防尘套

（1）检查驱动轴防尘套是否有裂纹或其他损坏。

操作规程：

手动转动轮胎以便它们被完全转向一侧。然后，检查驱动轴防尘套的整个外围是否有裂纹或者其他损坏。

（2）检查驱动轴防尘套卡箍是否安装牢固。

操作规程：

用手转动轮胎以便它们被完全转向一侧。然后，检查驱动轴防尘套的卡箍安装，如图 3-8 所示。

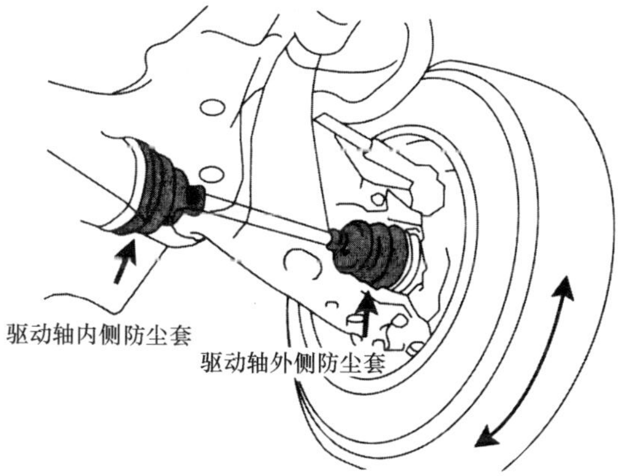

图 3-8 驱动轴防尘套位置示意图

（3）检查驱动轴防尘套外部润滑脂是否渗漏。

操作规程：

手动转动轮胎以便它们被完全转向一侧。然后，检查驱动轴防尘套的整个外围是否有油脂渗漏，如图 3-8 所示。

6. 检查转向传动机构

（1）检查转向传动机构是否松动和摆动。

操作规程：

用手摇晃转向传动机构，检查是否松动或者摆动，如图 3-9 所示。

（2）检查转向传动机构是否弯曲和损坏。

操作规程：

查看转向传动机构是否弯曲或者损坏，如图 3-9 所示。

（3）检查球节防尘罩是否损坏。

操作规程：

查看球节防尘罩是否有裂纹或者破损。

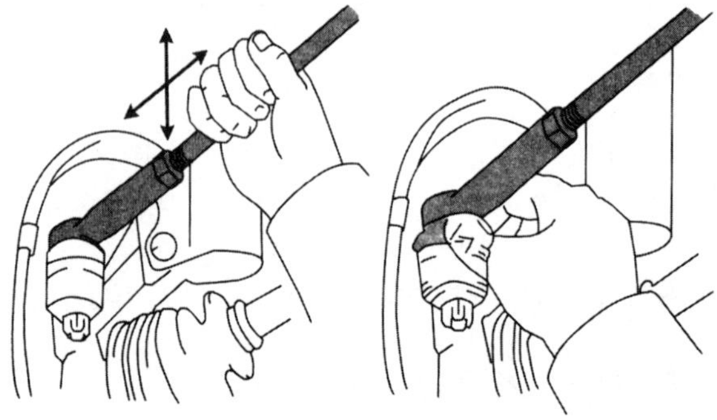

图 3-9　转向传动机构松动、摆动、弯曲和损坏检查示意图

7. 检查动力转向油液

（1）检查动力转向油液是否渗漏。

操作规程：

查看齿轮箱、PS 叶轮泵、液体管路和连接点处是否渗漏，如图 3-10 所示。

（2）检查动力转向 PS 软管是否有裂纹或其他损坏。

操作规程：

查看 PS 软管是否有裂纹或其他损坏，如图 3-10 所示。

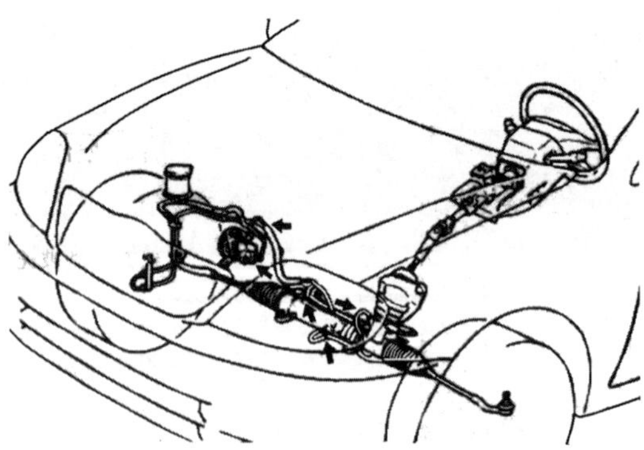

图 3-10　动力转向油液系统示意图

8. 检查制动管路

（1）检查制动管路连接部分是否有液体渗漏。

操作规程：

查看制动管路及管路连接部分是否有液体渗漏，如图 3-11 所示。

（2）检查制动管路是否有凹痕或者其他损坏。

操作规程：

查看制动管路及管路连接部分是否有凹痕或者其他损坏，如图 3-11 所示。

（3）检查制动管路软管是否扭曲、磨损、开裂、隆起等。

操作规程：

查看制动管路及管路连接部分是否有扭曲、磨损、开裂、隆起等，如图 3-11 所示。

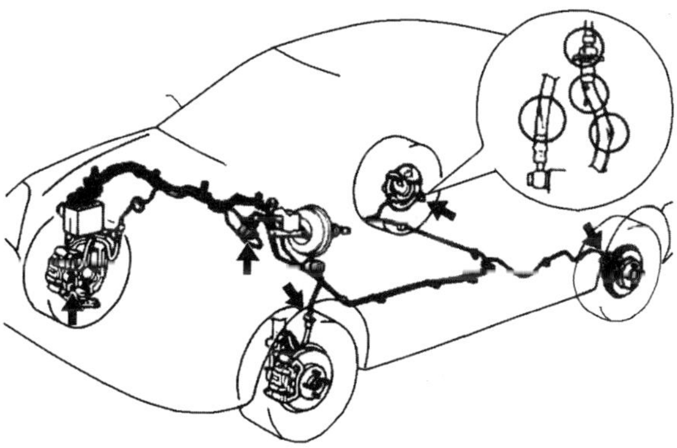

图 3-11　制动管路示意图

（4）检查制动管路安装状况。

操作规程：

用手摇转车轮直到转向盘被完全转向任一侧，查看：①制动管路是否与车轮或者车身接触；②制动管路是否绷紧，如图 3-12 所示。

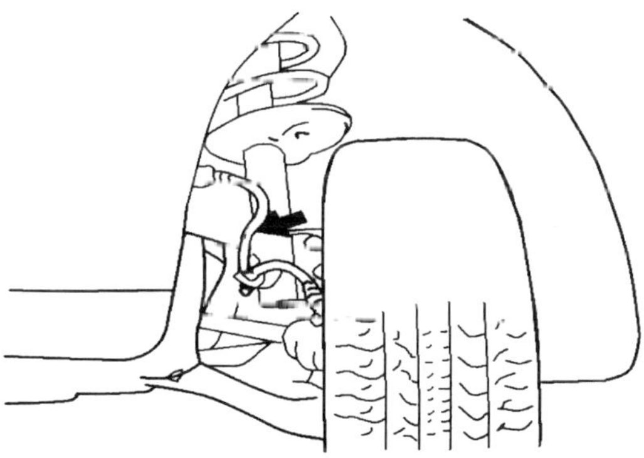

图 3-12　制动管路安装状况示意图

9. 检查燃油管路

（1）检查燃油管路是否渗漏。

操作规程：

检查燃油管路及接头处是否渗漏，如图 3-13 所示。

（2）检查燃油管路是否损坏。

操作规程：

检查燃油管路及接头处是否损坏，如图 3-13 所示。

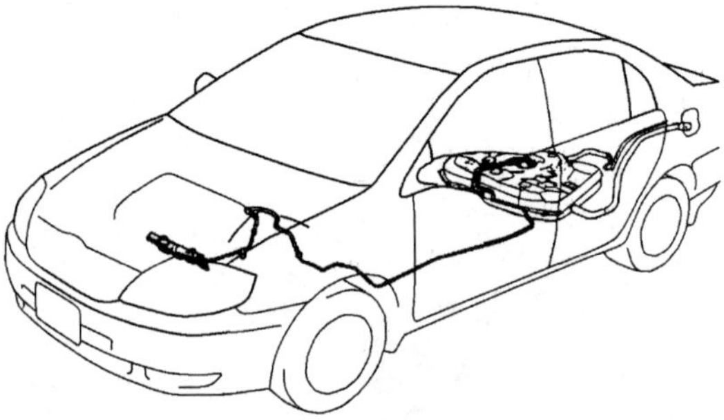

图 3-13　燃油管路示意图

10. 检查排气管道及安装件

（1）检查排气管、消声器、垫片是否损坏。

操作规程：

检查排气管、消声器、垫片是否损坏，如图 3-14 所示。

（2）检查排气管支架上的 O 形圈是否损坏或者脱离。

操作规程：

检查排气管支架上的 O 形圈是否损坏或者脱离，如图 3-14 所示。

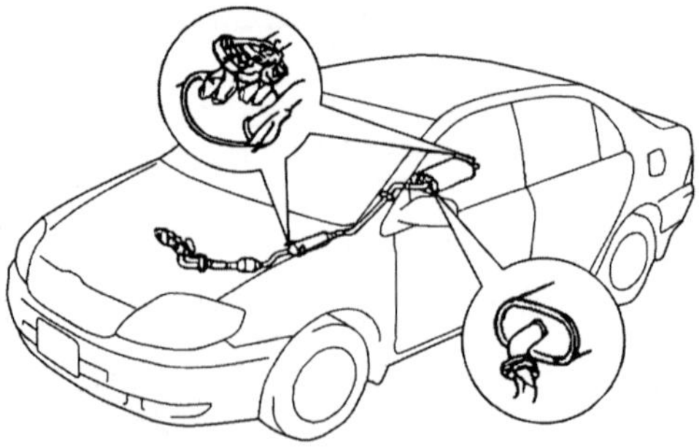

图 3-14　排气管道及安装件检查示意图

（3）检查排气管是否渗漏。

操作规程：

查看接头周围是否存在任何炭黑，检查排气管连接部分是否泄漏废气，如图 3-14 所示。

11. 检查悬架

（1）检查转向节、减振器、螺旋弹簧、稳定杆、下臂、拖臂和桥梁是否损坏。

操作规程：

查看转向节、减振器、螺旋弹簧、稳定杆、下臂、拖臂和桥梁是否损坏，如图 3-15 所示。

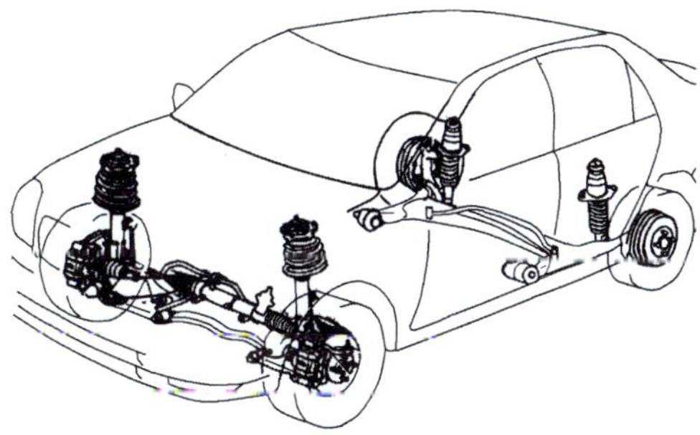

图 3-15 汽车悬架系统示意图

（2）检查减振器是否漏油。

操作规程：

查看减振器外部是否有漏油，如图 3-16 所示。

（3）检查悬架接头上的连接衬套磨损或者有裂纹和摆动。

操作规程：

检查悬架接头上的连接衬套是否磨损或有裂纹和摆动，如图 3-17 所示。

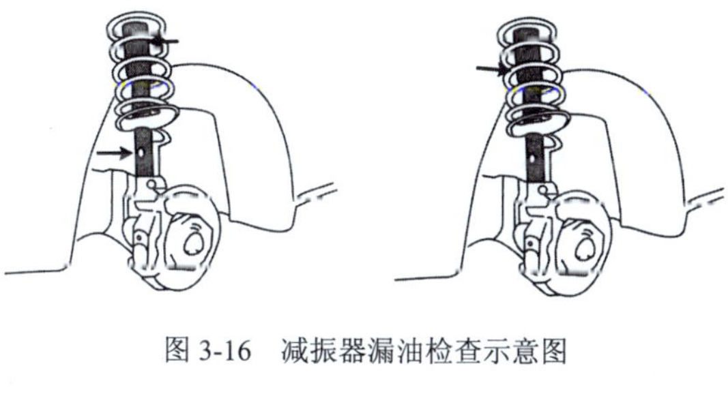

图 3-16 减振器漏油检查示意图

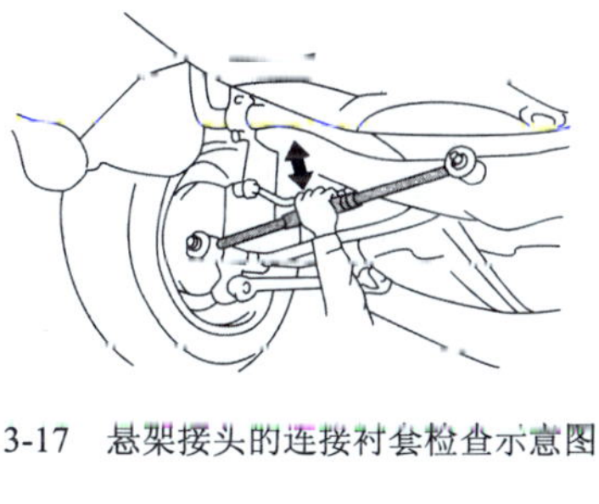

图 3-17 悬架接头的连接衬套检查示意图

12. 检查发动机机油滤清器

操作规程：

（1）使用 SST（机油滤清器拆装专用维修工具）拆卸机油滤清器，如图 3-18 所示。

（2）检查并清洁机油滤清器安装表面。

（3）在新的机油滤清器垫片上涂清洁的发动机机油。

（4）轻缓地拧动机油滤清器使其就位，然后上紧直到垫片接触底座。

（5）使用专用维修工具再次上紧 3/4 圈。

（6）安装一个新的垫片和排放塞，按规定的力矩拧紧排放塞。

13. 更换发动机机油排放塞

操作规程：

发动机机油排放完毕后，使用一个新的垫片，将机油排放塞旋入机油排放孔（拧紧力矩参考值 45N • m），如图 3-19 所示。

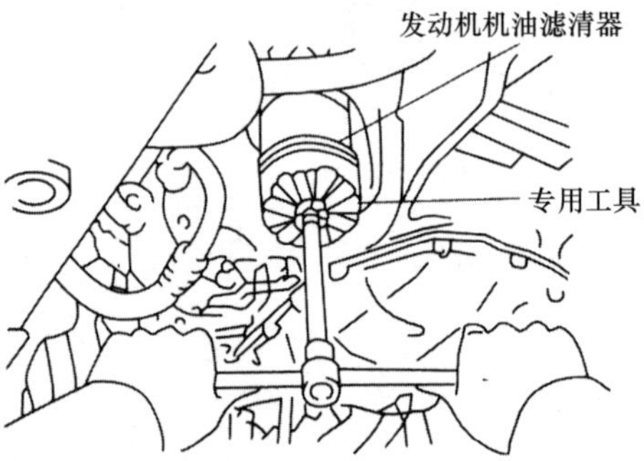

图 3-18 检查发动机机油滤清器示意图

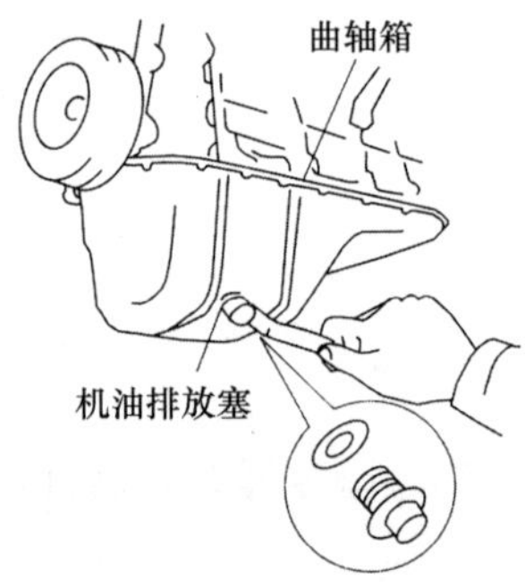

图 3-19 安装垫片和排放塞示意图

四、汽车底部各总成件外部泄漏和安装件检查考核（40 分）

汽车底部各总成件外部泄漏和安装件检查项目考核表如表 3-2 所示。

表 3-2 汽车底部各总成件外部泄漏和安装件检查项目考核表

作业顺序	考核项目	配分	作业说明	得分
发动机机油（排放）				
1	检查是否漏油（发动机各部位的配合表面）	1 分	用手指向所检查部分，目测检查发动机配合面、油封、排放塞是否有油污痕迹，并报出各个部位是否有漏油	
2	检查是否漏油（油封）	1 分		
3	检查是否漏油（排放塞）	1 分	用手指向所检查部分，目测检查发动机配合面、油封、排放塞是否有油污痕迹，并报出各个部位是否漏油	
4	排放发动机机油	1 分	用套筒拧松排放塞，并把机油漏进油桶里，而避免机油溅落到底架或地板上	

续表

作业顺序	考核项目	配分	作业说明	得分
传动带				
5	检查是否变形	1分	用手指向检查部位，目测传动带整个外围检查并报出传动带是否有变形	
6	检查是否损坏（磨损、裂纹、层离或其他损坏）	1分	用手指向检查部位，目测传动带整个外围检查并报出传动带是否损坏	
7	检查安装状况（传动带张力检查）	2分	施加98N的力检查，并报出传动带松紧程度是否良好、传动带安装是否良好	
驱动轴防尘套				
8	检查是否有裂纹、损坏（外侧）	1分	手动转动车轮使车轮完全转向一侧，用手指向检查部位，目测检查并报出防尘套整个外围是否有裂纹、损坏或泄漏	
9	检查是否有裂纹、损坏（内侧）	1分		
10	检查是否有泄漏（外侧）	1分		
11	检查是否有泄漏（内侧）	1分		
转向传动机构				
12	检查是否松动或摇摆	1分	用手摇晃转向传动机构检查，并报出横拉杆是否松动或摇摆	
13	检查是否弯曲或损坏	1分	用手指向检查部位，目测检查并报出转向传动机构是否有弯曲或损坏	
14	检查球节防尘罩是否有裂纹或损坏	1分	用手指向检查部位，目测检查并报出球节防尘罩是否有裂纹或损坏	
制动管路				
15	检查是否泄漏	1分	用手指向检查部位，目测检查并报出制动管路是否有压痕、扭曲、裂纹、凸起和安装状况是否良好	
16	检查制动管路上的压痕或其他损坏	1分		
17	检查制动管路软管扭曲、裂纹或凸起	1分		
18	检查制动器管道和软管的安装状况	1分		
燃油管路				
19	检查燃油是否泄漏	1分	用手指向检查部位，检查并报出车头至车尾的燃油管路是否有泄漏、损坏	
20	检查燃油管路是否损坏	1分		
排气管和安装件				
21	检查排气管是否损坏	1分	用手指向检查部位，戴好手套，目测检查排气管和安装件，并报出各项是否损坏	
22	检查消声器是否损坏	1分		

续表

作业顺序	考核项目	配分	作业说明	得分
排气管和安装件				
23	检查排气管吊挂是否损坏或脱落	1 分	用手指向检查部位，戴好手套，目测检查排气管和安装件，并报出各项是否损坏	
24	检查密封垫片是否损坏	1 分		
25	检查排气管是否泄漏	1 分	用手指向检查部位，目测检查排气管接头周围是否存在任何炭黑，并报出排气管是否泄漏	
悬架				
26	检查是否损坏（转向节）	1 分	目测	
27	检查是否损坏（前减振器）	1 分	用手指向检查部位，目测检查并报出减振器是否损坏（必要时借用照明）	
28	检查是否损坏（后减振器）	1 分	用手指向检查部位，目测检查并报出减振器是否损坏（必要时借用照明）	
29	检查是否泄漏（前减振器）	1 分	用手指向检查部位，目测检查并报出减振器是否泄漏（必要时借用照明）	
30	检查是否泄漏（后减振器）	1 分	用手指向检查部位，目测检查并报出减振器是否泄漏（必要时借用照明）	
31	检查是否损坏（前减振器螺旋弹簧）	1 分	用手指向检查部位，目测检查并报出减振器螺旋弹簧是否损坏	
32	检查是否损坏（后减振器螺旋弹簧）	1 分	用手指向检查部位，目测检查并报出减振器螺旋弹簧是否损坏	
33	检查是否损坏（下臂）	1 分	用手指向检查部位，目测检查并报出下臂是否损坏	
34	检查是否损坏（稳定杆）	1 分	用手指向检查部位，目测检查并报出稳定杆是否损坏	
35	检查是否损坏（拖臂和后桥）	1 分	用手指向检查部位，目测检查并报出拖臂和后桥是否损坏	
发动机机油排放塞、机油滤清器				
36	更换排放塞衬垫	1 分	在零件台上以新的衬垫更换	
37	安装紧固排放塞	1 分	用定力扳手及套筒紧固排放塞	
38	更换机油滤清器	2 分	用手竖直举起滤清器，将滤清器旋入其座上并用力拧紧	

指导教师签名：　　　　　　　　　　　　　　　　　　　　　　　　　　总分：

五、“项目单元一　汽车底部各总成件外部泄漏和安装件检查”项目综合考核成绩统计

“项目单元一　汽车底部各总成件外部泄漏和安装件检查”项目综合考核成绩统计表如表 3-3

所示。

表 3-3 “项目单元一 汽车底部各总成件外部泄漏和安装件检查”项目综合考核成绩统计表

考核教师签字：

序号	考核内容	配分	评分标准	考核记录	扣分	得分
1	汽车底部各总成件外部泄漏、损坏和安装件检查项目理论知识考核	20	能完成所有题目，每错漏一题扣 1 分			
2	汽车底部各总成件外部泄漏、损坏和安装件检查项目实践考核	40	能完成所有项目			
3	汽车底部各总成件外部泄漏、损坏和安装件检查项目考核	40	所有项目考核合格			
合计		100				

项目单元二 汽车底部螺母和螺栓紧固检查

学习目的

1. 知识要点

① 了解汽车底部螺母和螺栓紧固检查的作用。

② 了解汽车底部螺母和螺栓紧固检查的工作内容和技术要求。

2. 技能要点

掌握汽车底部螺母和螺栓紧固的检查方法和技术要求。

一、汽车底部螺母和螺栓紧固检查的工作内容

1. 汽车底部底盘连接的螺母和螺栓紧固检查

①中间梁和车身的螺母和螺栓紧固检查；②中间梁和横梁的螺母和螺栓紧固检查；③球节和下臂的螺母和螺栓紧固检查；④横梁和车身的螺母和螺栓紧固检查；⑤下臂和横梁的螺母和螺栓紧固检查。

2. 汽车底部前悬架螺母和螺栓紧固检查

①悬架臂和前悬架横梁；②球节和悬架臂；③前悬架横梁和车身；④前制动卡钳和

转向节；⑤减振器和转向节；⑥稳定杆和悬架臂；⑦前悬架横梁和车身连接件；⑧转向机壳和前悬架横梁。

3. 汽车底部后悬架螺母和螺栓紧固检查

①拖臂和背板；②后桥横梁总成和车身；③制动分泵和背板；④后减振器和后桥横梁总成。

4. 汽车底部其他螺母和螺栓紧固检查

（1）排气管螺母和螺栓紧固检查；（2）燃油箱螺母和螺栓紧固检查。

二、理论知识题（填空题，5分）

（1）汽车底盘的作用是__________、安装__________及其各部件、总成，并接受发动机的动力，使汽车产生运动，保证其正常行驶。

（2）汽车底盘是汽车离地面最近的部位，它受力最大，长时间使用会造成螺母和螺栓__________，另外地表温度、沙石、雨雪泥污等都会对底盘造成损伤。因此，汽车底盘必须做__________检查维护。

三、实践操作题（45分）

按照汽车底部螺母和螺栓紧固检查的各项工作操作规程进行操作。完成各项操作后，在汽车底部螺母和螺栓紧固检查学生自我考核评价表的检查情况栏内打勾或记录检查数据，在自我评价栏内打勾，在学生自评成绩栏内作学生自评成绩，如表3-4所示。

表3–4　汽车底部螺母和螺栓紧固检查学生自我考核评价表

维护项目作业顺序及项目作业确认、自我评价和学生自评成绩				
汽车底部螺母和螺栓紧固检查				
序号	检查部位	检查项目	检查情况	自我评价
1	底盘连接螺母和螺栓	中间梁和车身	用扭力扳手规定值（参考25N·m）扭矩进行紧固	会　否
		中间梁和横梁	用扭力扳手规定值（参考45N·m）扭矩进行紧固	会　否
		球节和下臂	用扭力扳手规定值（参考98N·m）扭矩进行紧固	会　否
		下臂和横梁	用扭力扳手规定值（参考88N·m）扭矩进行紧固	会　否
2	（车辆底部）前悬架螺母和螺栓	悬架臂和前悬架横梁	用扭力扳手规定值（参考127N·m）扭矩进行紧固	会　否
		球节和悬架臂	用扭力扳手规定值（参考89N·m）扭矩进行紧固	会　否

续表

维护项目作业顺序及项目作业确认、自我评价和学生自评成绩				
汽车底部螺母和螺栓紧固检查				
序号	检查部位	检查项目	检查情况	自我评价
2	（车辆底部）前悬架螺母和螺栓	前悬架横梁和车身	用扭力扳手规定值（参考 132N·m）扭矩进行紧固	会 否
		前制动卡钳和转向节	用扭力扳手规定值（参考 88N·m）扭矩进行紧固	会 否
		减振器和转向节	用扭力扳手规定值（参考 132N·m）扭矩进行紧固	会 否
		稳定杆和悬架臂	用扭力扳手规定值（参考 18N·m）扭矩进行紧固	会 否
		前悬架横梁和车身连接件	用扭力扳手规定值（参考 47N·m）扭矩进行紧固	会 否
		转向机壳和前悬架横梁	用扭力扳手规定值（参考 127N·m）扭矩进行紧固	会 否
		转向横拉杆端头锁止螺母	手动检查（参考 47N·m）	会 否
		转向横拉杆端头和转向节	手动检查（参考 33N·m）	会 否
3	后悬架螺母和螺栓	拖臂和背板	用扭力扳手规定值（参考 52N·m）扭矩进行紧固	会 否
		后桥横梁总成和车身	用扭力扳手规定值（参考 82N·m）扭矩进行紧固	会 否
		制动分泵和背板	用扭力扳手规定值（参考 15N·m）扭矩进行紧固	会 否
		后减振器和后桥横梁总成	用扭力扳手规定值（参考 49N·m）扭矩进行紧固	会 否
4	其他螺母和螺栓	排气管	用扭力扳手规定值（参考 43N·m）扭矩进行紧固	会 否
		燃油箱	用扭力扳手规定值（参考 39N·m）扭矩进行紧固	会 否
学生自评成绩				

1. 汽车底盘连接的螺母和螺栓紧固检查

（1）中间梁和车身的螺母、螺栓紧固检查，如图 3-20 所示。

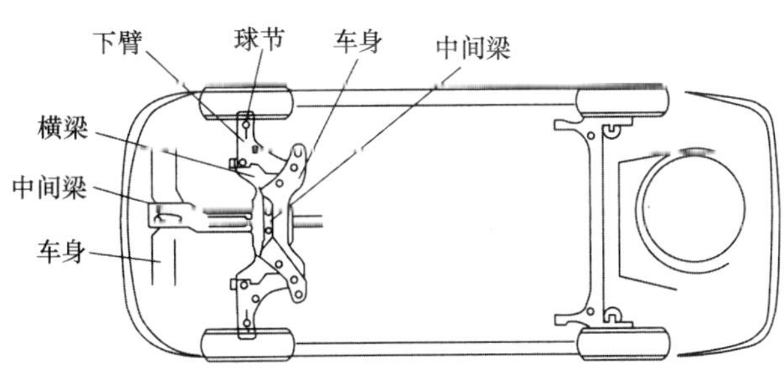

图 3-20 底盘连接的螺母和螺栓紧固检查示意图

操作规程：

① 按中间梁和车身的螺母、螺栓紧固规定的力矩 25N·m 调整好扭力扳手。

② 选择适合中间梁和车身的螺母、螺栓的套筒。

③ 使用调整好的扭力扳手对中间梁和车身的螺母、螺栓进行紧固，当扭到扭力扳手发出咔嗒一声时，表明该螺母、螺栓已紧固。

以下的螺母、螺栓紧固检查按上述方法进行操作。

（2）中间梁和横梁。

（3）球节和下臂。

（4）横梁和车身。

（5）下臂和横梁；

2. 汽车底部前悬架螺母和螺栓紧固检查

（1）悬架臂和前悬架横梁的螺母、螺栓紧固检查，如图 3-21 所示。

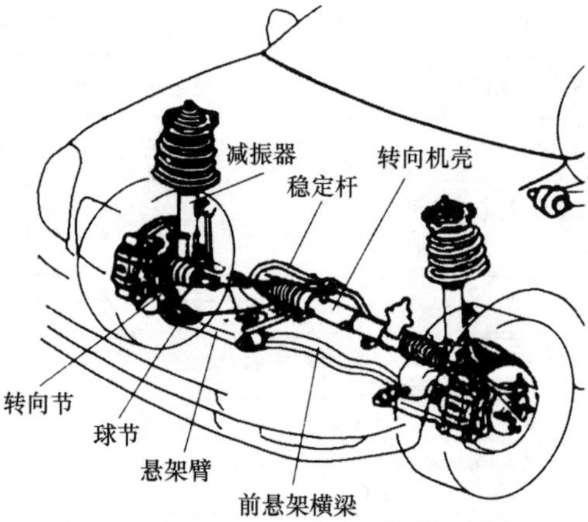

图 3-21　前悬架螺母和螺栓紧固检查示意图

操作规程：

① 按悬架臂和前悬架横梁的螺母、螺栓紧固规定的力矩 127N·m 调整好扭力扳手。

② 选择适合悬架臂和前悬架横梁的螺母、螺栓的套筒。

③ 使用调整好的扭力扳手对悬架臂和前悬架横梁的螺母、螺栓进行紧固，当扭到扭力扳手发出咔嗒一声时，表明该螺母、螺栓已紧固。

以下的螺母、螺栓紧固检查按上述方法进行操作。

（2）球节和悬架臂。

（3）前悬架横梁和车身。

（4）前制动卡钳和转向节。

（5）减振器和转向节。

（6）稳定杆和悬架臂。

（7）前悬架横梁和车身连接件。

（8）转向机壳和前悬架横梁。

转向横拉杆端头锁止螺母及转向横拉杆端头和转向节检查如图 3-22 所示。

3. 汽车底部后悬架螺母和螺栓紧固检查

拖臂和背板的螺母、螺栓紧固检查，如图 3-23 所示。

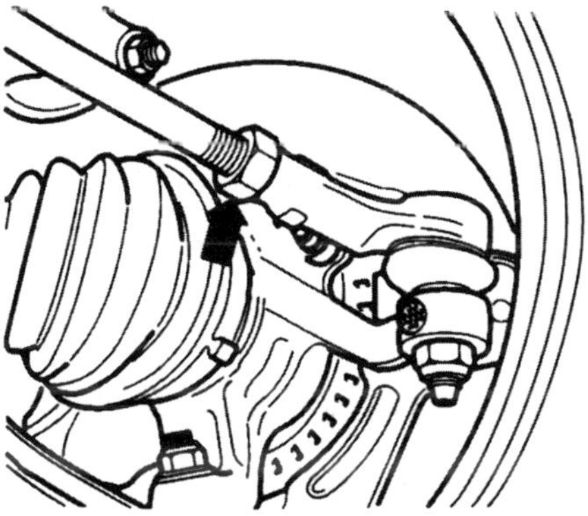

图 3-22　转向横拉杆锁止螺母检查示意图

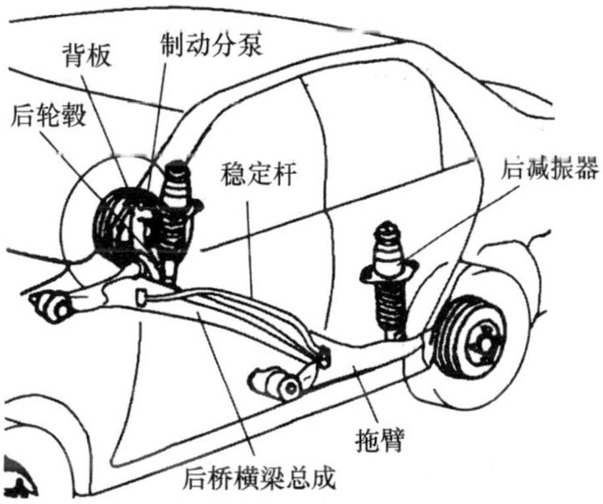

图 3-23　后悬架螺母和螺栓紧固检查示意图

操作规程：

（1）按拖臂和背板的螺母、螺栓紧固规定的力矩 52N • m 调整好扭力扳手。

（2）选择适合拖臂和背板的螺母、螺栓的套筒。

（3）使用调整好的扭力扳手对拖臂和背板的螺母、螺栓进行紧固，当扭到扭力扳手发出咔嗒一声时，表明该螺母、螺栓已紧固。

以下的螺母、螺栓紧固检查按上述方法进行操作。

（1）后桥横梁总成和车身。

（2）制动分泵和背板。

（3）后减振器和后桥横梁总成。

4. 汽车底部其他螺母和螺栓紧固检查

（1）排气管螺母和螺栓紧固检查，如图 3-24 所示。

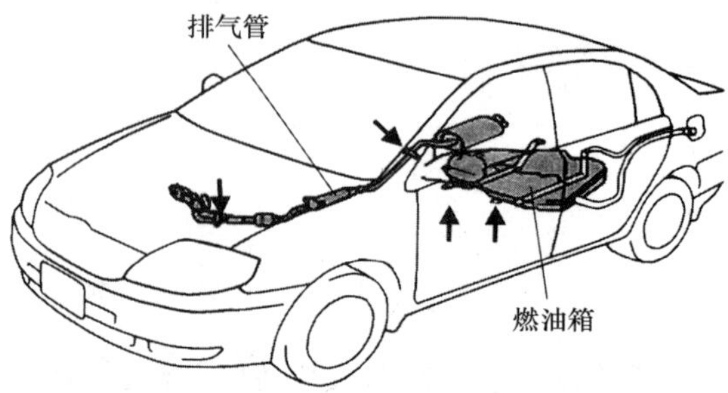

图 3-24 排气管和燃油箱螺母和螺栓紧固检查示意图

操作规程：

① 按排气管的螺母、螺栓紧固规定的力矩 43N • m 调整好扭力扳手。

② 选择适合排气管的螺母、螺栓的套筒。

③ 使用调整好的扭力扳手对排气管的螺母、螺栓进行紧固，当扭到扭力扳手发出咔嗒一声时，表明该螺母、螺栓已紧固。

（2）燃油箱螺母和螺栓紧固检查，如图 3-24 所示。

操作规程：

① 按燃油箱的螺母、螺栓紧固规定的力矩 39N • m 调整好扭力扳手。

② 选择适合燃油箱的螺母、螺栓的套筒。

③ 使用调整好的扭力扳手对燃油箱的螺母、螺栓进行紧固，当扭到扭力扳手发出咔嗒一声时，表明该螺母、螺栓已紧固。

四、汽车底部螺母和螺栓紧固检查项目考核（40 分）

汽车底部螺母和螺栓紧固检查项目考核表如表 3-5 所示。

表 3–5　汽车底部螺母和螺栓紧固检查项目考核表

作业顺序	考核项目	配分	作业说明	得分
底盘连接螺母和螺栓				
1	中间梁和车身	2	用扭力扳手规定值（参考 25N • m）扭矩进行紧固	
2	中间梁和横梁	2	用扭力扳手规定值（参考 45N • m）扭矩进行紧固	

续表

作业顺序	考核项目	配分	作业说明	得分
底盘连接螺母和螺栓				
3	球节和下臂	2	用扭力扳手规定值（参考 98N・m）扭矩进行紧固	
4	下臂和横梁	2	用扭力扳手规定值（参考 88N・m）扭矩进行紧固	
前悬架螺母和螺栓				
5	悬架臂和前悬架横梁	2	用扭力扳手规定值（参考 127N・m）扭矩进行紧固	
6	球节和悬架臂	2	用扭力扳手规定值（参考 89N・m）扭矩进行紧固	
7	前悬架横梁和车身	2	用扭力扳手规定值（参考 132N・m）扭矩进行紧固	
8	前制动卡钳和转向节	2	用扭力扳手规定值（参考 88N・m）扭矩进行紧固	
9	减振器和转向节	2	用扭力扳手规定值（参考 132N・m）扭矩进行紧固	
10	稳定杆和悬架臂	2	用扭力扳手规定值（参考 18N・m）扭矩进行紧固	
11	前悬架横梁和车身连接件	2	用扭力扳手规定值（参考 47N・m）扭矩进行紧固	
12	转向机壳和前悬架横梁	2	用扭力扳手规定值（参考 127N・m）扭矩进行紧固	
13	转向横拉杆端头锁止螺母	2	手动检查（参考 47N・m）	
14	转向横拉杆端头和转向节	2	手动检查（参考 33N・m）	
后悬架螺母和螺栓				
15	拖臂和背板	2	用扭力扳手规定值（参考 52N・m）扭矩进行紧固	
16	后桥横梁总成和车身	2	用扭力扳手规定值（参考 82N・m）扭矩进行紧固	
17	制动分泵和背板	2	用扭力扳手规定值（参考 15N・m）扭矩进行紧固	
18	后减振器和后桥横梁总成	2	用扭力扳手规定值（参考 49N・m）扭矩进行紧固	
其他螺母和螺栓				
19	排气管	2	用扭力扳手规定值（参考 43N・m）扭矩进行紧固	
20	燃油箱	2	用扭力扳手规定值（参考 39N・m）扭矩进行紧固	

指导教师签名： 总分：

五、“项目单元二　汽车底部螺母和螺栓紧固检查”项目综合考核成绩统计

“项目单元二　汽车底部螺母和螺栓紧固检查”项目综合考核成绩统计表如表 3-6 所示。

表 3-6　“项目单元二　汽车底部螺母和螺栓紧固检查”项目综合考核成绩统计表

考核教师签字：__________

序号	考核内容	配分	评分标准	考核记录	扣分	得分
1	汽车底部螺母和螺栓紧固检查项目理论知识考核	10	能完成所有题目，每错漏一题扣 1 分			
2	汽车底部螺母和螺栓紧固检查项目实践考核	40	能完成所有项目			
3	汽车底部螺母和螺栓紧固检查项目考核	50	所有项目考核合格			
合计		100				

项目四 4 车轮轴承、轮胎和制动器检查

项目单元 车轮轴承、轮胎和制动器检查

学习目的

1．知识要点

① 了解车轮轴承、轮胎和制动器检查的作用。

② 了解车轮轴承、轮胎和制动器检查的工作内容和技术要求。

2．技能要点

掌握车轮轴承、轮胎和制动器的检查方法和技术要求。

当进行车轮轴承、轮胎和制动器检查时，汽车举升位置如图 4-1 所示。

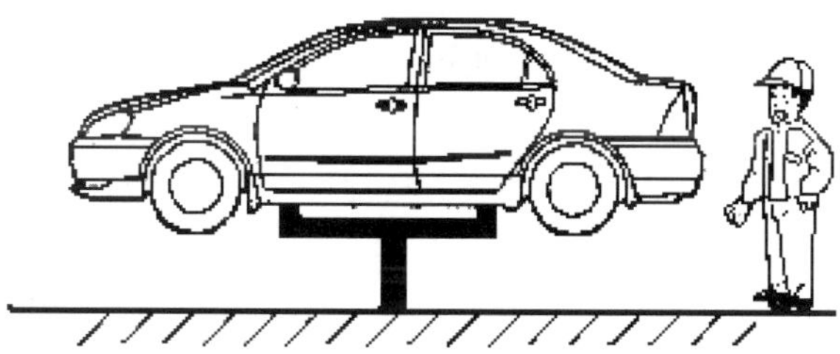

图 4-1　车轮轴承、拆卸轮胎和制动器检查时汽车举升位置示意图

一、车轮轴承、轮胎和制动器检查的工作内容

1. 检查车轮轴承

①检查车轮轴承摆动；②检查车轮轴承转动状况和噪声。

2. 拆卸车轮

①使用气动扳手拆卸车轮；②使用车轮螺母扳手拆卸车轮。

3. 检查轮胎

①检查轮胎气压和气门漏气情况；②检查轮胎龟裂、损伤和有无金属嵌物及其他异物；③检查轮胎花纹的深度和磨损情况；④检查轮圈和轮盘是否损坏或腐蚀、变形。

4. 检查盘式制动器

①检查制动器摩擦片厚度和损坏；②拆检制动器摩擦片；③检查制动盘厚度；④检查制动盘磨损和损坏；⑤检查制动盘跳动；⑥检查制动卡钳制动液是否泄漏；⑦安装制动器。

5. 检查鼓式制动器

（1）后制动鼓拆卸；（2）检查制动器制动蹄片移动是否顺利、制动蹄片与背板和固定件之间的接触面是否磨损；（3）检查制动蹄片厚度；（4）检查车轮制动分泵液体是否泄漏；（5）检查制动鼓内径；（6）检查制动鼓是否磨损和损坏；（7）安装制动器。

二、理论知识题（填空题，20分）

（1）轮胎是车辆的重要部件之一，轮胎气压过低会导致不正常__________或轮胎内部损伤，轮胎气压过高则会使轮胎及轮圈较易受到不平路面的冲击而__________，甚至会导致爆胎。

（2）轮胎气压的检查必须是在轮胎__________的情形下进行，否则高温会使胎压升高，测量不准。

（3）制动器是制动系统的重要部件，对汽车行驶的__________至关重要。

（4）汽车在使用过程中，由于制动器构成部件的磨损、疲劳、老化、氧化及分解等原因，必然导致系统技术性能__________，只有通过__________维护和必要的修理，才能维持其正常的技术性能。

（5）当盘式制动器摩擦片磨损后，制动盘和摩擦片背面直接__________，导致制动盘损坏。

（6）当盘式制动器摩擦片的剩余厚度不足__________时，需进行更换。

（7）当鼓式制动器制动衬片磨损后，由于制动蹄片和制动鼓之间的间隙变大，制动效力下降。由于制动蹄片直接接触到__________，所以会损害制动鼓。

（8）当鼓式制动器的滑动部分生锈后，制动蹄片工作__________。

（9）当鼓式制动器衬片的剩余厚度小于__________时，需进行更换。

三、实践操作题（40分）

按照车轮轴承、轮胎和制动器检查的各项工作操作规程进行操作。完成各项操作后，在车轮轴承、轮胎和制动器检查项目学生自我考核评价表的检查情况栏内打勾或记录检查数据，在自我评价栏内打勾，在学生自评成绩栏内作学生自评成绩，如表 4-1 所示。

表 4–1 汽车车轮轴承、轮胎和制动器检查项目学生自我考核评价表

维护项目作业顺序及项目作业确认、自我评价和学生自评成绩				
汽车车轮轴承、轮胎和制动器检查				
序号	检查部位	检查项目	检查情况	自我评价
1	车轮轴承	检查有无摆动	符合原厂规定，无过度摆动	会 否
		检查转动状况和噪声	符合原厂规定，转动状况良好、平稳转动无异常噪声	会 否
		拆卸车轮	按照交叉顺序拆卸车轮螺母	会 否
2	轮胎	检查是否有裂纹和损坏	车轮清洁，胎面无气鼓、裂伤、损坏	会 否
		检查是否嵌入金属碎片和异物	轮胎无嵌入金属颗粒或其他异物	会 否
		测量胎面沟槽深度	花纹深度不小于 1.6mm	会 否
		检查轮胎是否有异常磨损	轮胎无异常磨损	会 否
		测量轮胎气压	符合原厂规定，轮胎气压参考值 200～230kPa	会 否
		检查轮胎是否漏气	气门嘴完好、轮胎不漏气	会 否
		检查轮圈和轮盘是否损坏或腐蚀	轮圈和轮盘无变形、损坏和腐蚀	会 否
3	盘式制动器	盘式制动器拆卸	拆卸顺序正确	会 否
		测量制动器摩擦片厚度（外侧）	磨损极限厚度剩余厚度参考值不低于 1.0mm	会 否
		目视检查制动器摩擦片厚度（内侧）	目视检查摩擦片厚度与外侧制动器摩擦片厚度没有明显的偏差	会 否
		检查制动器摩擦片的不均匀磨损	比较制动器内外侧摩擦片厚度磨损均匀	会 否
		检查制动盘是否磨损和损坏	无磨损和损坏	会 否
		检查制动盘厚度	磨损极限厚度参考值不大于 2mm	会 否
		检查制动卡钳处有无制动液泄漏	无制动液泄漏	会 否
		盘式制动器安装与调试	按照正确的安装顺序安装摩擦片和制动卡钳	会 否

续表

<table>
<tr><th colspan="5">维护项目作业顺序及项目作业确认、自我评价和学生自评成绩</th></tr>
<tr><th colspan="5">汽车车轮轴承、轮胎和制动器检查</th></tr>
<tr><th>序号</th><th>检查部位</th><th>检查项目</th><th>检查情况</th><th>自我评价</th></tr>
<tr><td rowspan="9">4</td><td rowspan="9">鼓式制动器</td><td>鼓式制动器拆卸</td><td>按照正确的拆卸顺序拆卸制动鼓、制动蹄片等</td><td>会　否</td></tr>
<tr><td>测量制动蹄片厚度</td><td>磨损极限厚度参考值不小于 1.0mm</td><td>会　否</td></tr>
<tr><td>检查制动蹄片和背板的固定件是否磨损、锈蚀</td><td>无磨损和锈蚀</td><td>会　否</td></tr>
<tr><td>检查制动分泵是否损坏、泄漏</td><td>无损坏和泄漏</td><td>会　否</td></tr>
<tr><td>检查制动鼓是否磨损和损坏</td><td>制动鼓表面无油污，无裂纹、沟槽</td><td>会　否</td></tr>
<tr><td>检查制动鼓内径</td><td>磨损极限参考值不大于 1.0mm</td><td>会　否</td></tr>
<tr><td>测量制动蹄片外径</td><td>制动蹄片最大外径比制动鼓内径小 1.0mm</td><td>会　否</td></tr>
<tr><td>清洁制动鼓</td><td>清洁制动鼓内表面</td><td>会　否</td></tr>
<tr><td>鼓式制动器安装与调试</td><td>按照正确的安装顺序安装制动蹄片并调试</td><td>会　否</td></tr>
<tr><td colspan="5">学生自评成绩</td></tr>
</table>

1. 检查车轮轴承

（1）检查车轮轴承摆动。

操作规程：

将一只手放在轮胎上面，另一只手放在轮胎下面，用力推拉轮胎以便检查是否有任何摆动，如图 4-2 所示。

（2）检查车轮轴承转动状况和噪声。

操作规程：

用手转动轮胎，检查其是否能够无任何噪声地平稳转动，如图 4-3 所示。

2. 拆卸车轮

拆卸车轮常用的方法主要有两种：使用气动扳手拆卸车轮和使用车轮螺母扳手拆卸车轮。

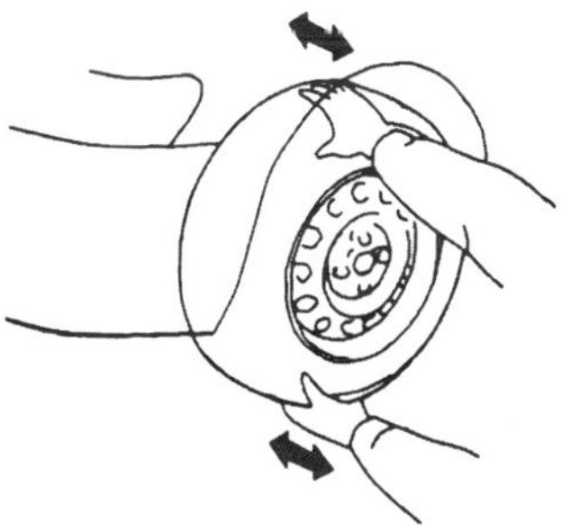

图 4-2　检查车轮轴承摆动示意图

图 4-3　检查转动状况和噪声示意图

（1）使用气动扳手拆卸车轮。

操作规程：

① 使用气动扳手按交叉顺序拆卸车轮螺母。将气动扳手调到逆时针转动方向，把气动扳手套筒套入螺母，右手握气动扳手柄位，左手扶住气动扳手。然后用右手扣动气动扳手扳机将螺母拆下即可。注意不要戴手套操作，如图 4-4 所示，手套有可能被旋转的物体卷入以致伤到你的手。

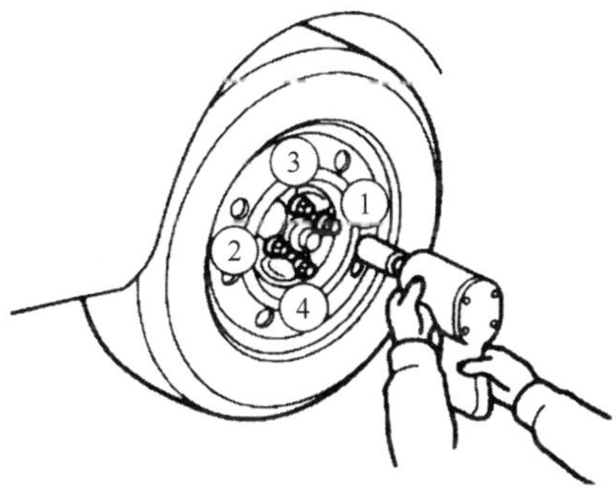

图 4-4　使用气动扳手拆卸车轮示意图

② 拆下螺母后取出车轮。

（2）使用车轮螺母扳手拆卸车轮。

操作规程：

① 在举升车辆之前，先拧松车轮螺母。按交叉顺序逆时针转动车轮螺母将其拧松。把扳手套入螺母，使扳手握柄位于右方。握住扳手握柄的端头向上拉。注意不要让扳手从螺母中滑出来，如图 4-5 所示。不要将螺母拆下，只要拧松约一圈半即可，如图 4-6 所示。

图 4-5　使用车轮螺母扳手拆卸车轮示意图

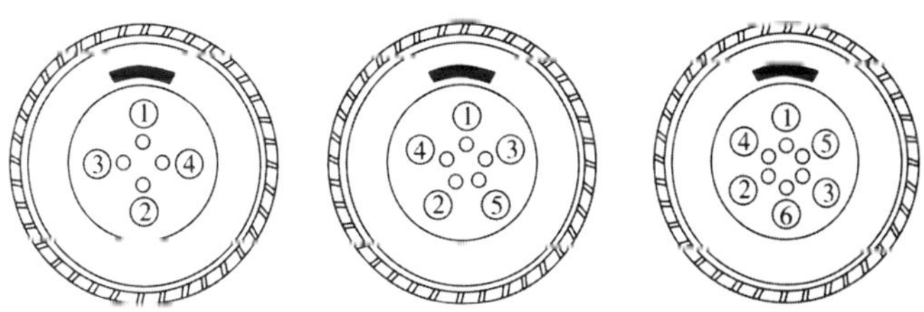

图 4-6　拆卸轮毂螺母的方法示意图

② 将车辆举起到可以取出车轮的高度为止，拆下螺母取出车轮。

3. 检查轮胎

（1）检查轮胎气压和气门漏气情况。

操作规程：

在轮胎冷却时检查轮胎气压。只有车辆至少已经停车 3h，或行驶距离不超过 1.5km 的状态下，才能得到正确的冷轮胎充气压力读数。

① 使用轮胎气压表检查气压。轮胎标准气压值标示在驾驶员侧门内侧的后部。气压不正常时，需调整至标准气压，如图 4-7 所示。

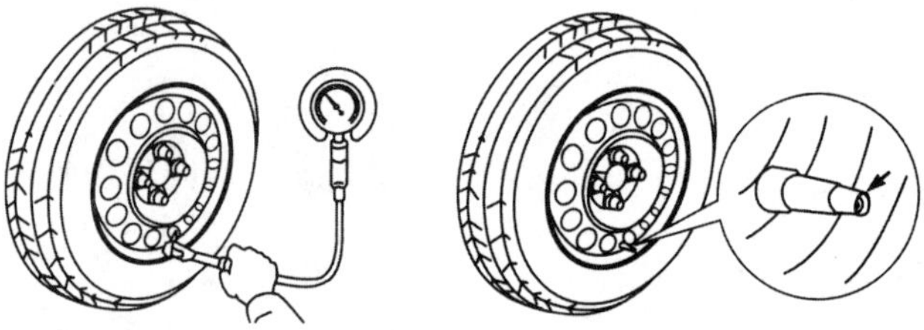

图 4-7 使用轮胎气压表检查气压示意图

② 检查气压后，通过在气门周围涂肥皂水检查是否漏气，并确认安装上轮胎气门嘴盖。没有气门嘴盖，灰尘或湿气将进入气门芯并导致漏气。

（2）检查轮胎龟裂、损伤和有无金属嵌物或其他异物。

操作规程：

转动车轮至少一圈以上，在转动车轮的同时目测检查胎壁和胎面有无裂纹、割痕、龟裂或其他损坏，并检查轮胎胎面有无金属嵌物及其他异物，如图 4-8 所示。

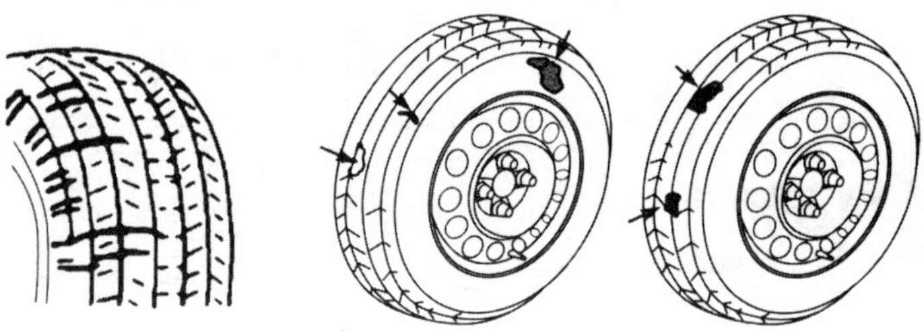

图 4-8 轮胎龟裂、损伤检查示意图

（3）检查轮胎花纹的深度和磨损情况。

操作规程：

① 用胎面磨损指示标记来检查轮胎胎面，胎面磨损指示标记的位置以“Δ”标记来表示，标示在每个轮胎的侧壁上。检查表示轮胎与地面接触状态的胎面磨损指示标记是否显现出来，

如图 4-9 所示。

② 使用测量钢尺或轮胎深度规测量胎面沟槽深度，如图 4-10 所示。胎面花纹的深度磨耗至 1.6mm 或小于此值时，应更换轮胎，如图 4-11 所示。

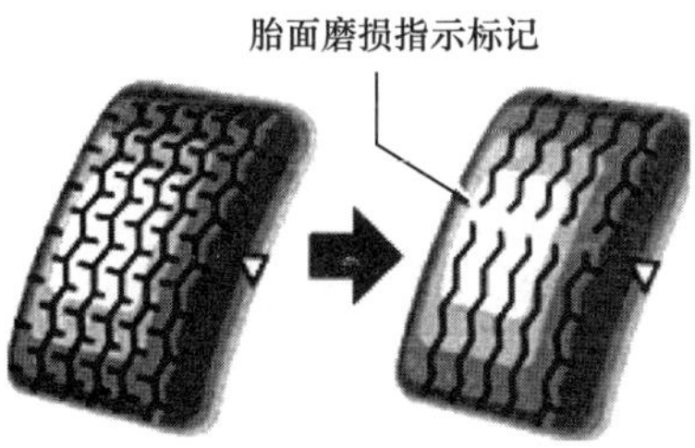

图 4-9　胎面磨损指示标记示意图

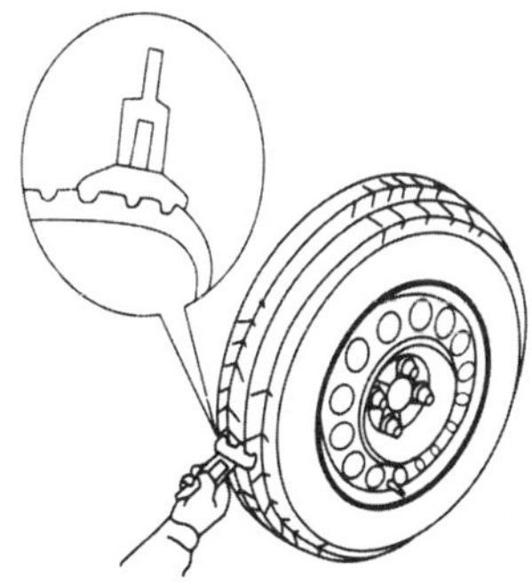

图 4-10　轮胎深度规测量胎面沟槽深度示意图

（4）检查轮圈和轮盘的损坏、腐蚀或变形情况，如图 4-12 所示。

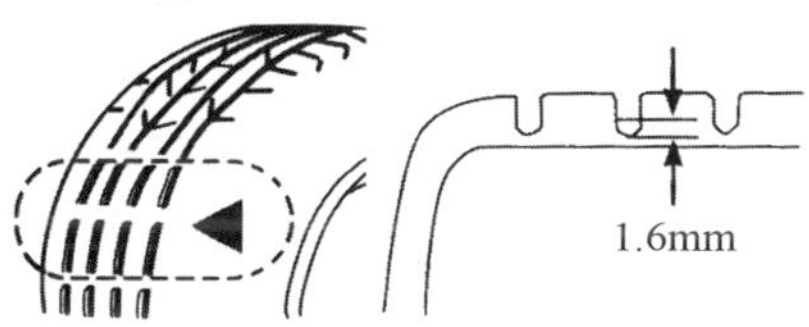

图 4-11　轮胎胎面沟槽深度示意图

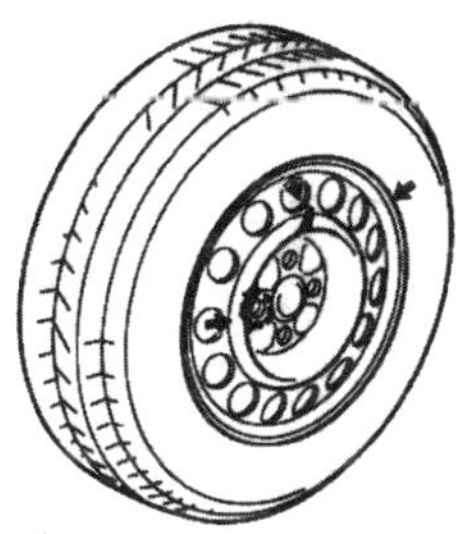

图 4-12　轮圈和轮盘的损坏、腐蚀或变形示意图

操作规程：

目测检查两面的轮圈和轮盘是否损坏、腐蚀或变形。

4. 检查盘式制动器

（1）检查制动器摩擦片厚度和损坏，如图 4-13 和图 4-14 所示。

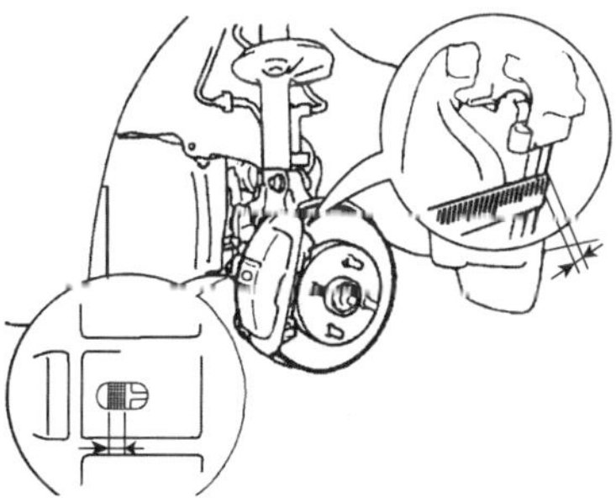

图 4-13　就车测量制动器摩擦片厚度示意图

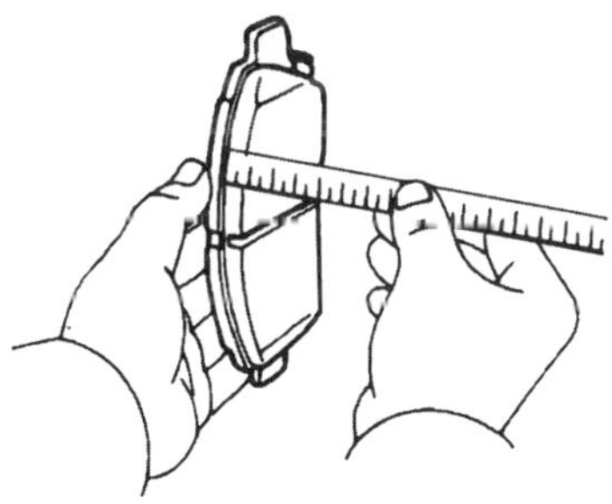

图 4-14　离车测量制动器摩擦片厚度示意图

操作规程：

① 不拆卸制动器，使用一把直尺测量外制动器摩擦片的厚度。

② 通过制动卡钳内的检查孔目测检查内制动器摩擦片的厚度，确定其与外制动器摩擦片没有明显的偏差。则内外制动器摩擦片没有不均匀磨损和损坏。

（2）拆检制动器摩擦片。

操作规程：

① 拆卸制动卡钳，如图 4-15 所示，用开口扳手固定住制动卡钳。

② 如果没有拆卸制动油管，则可用铁丝将制动卡钳挂在悬架的弹簧上（注意不要拉伸或弯曲柔性软管），如图 4-16 所示。

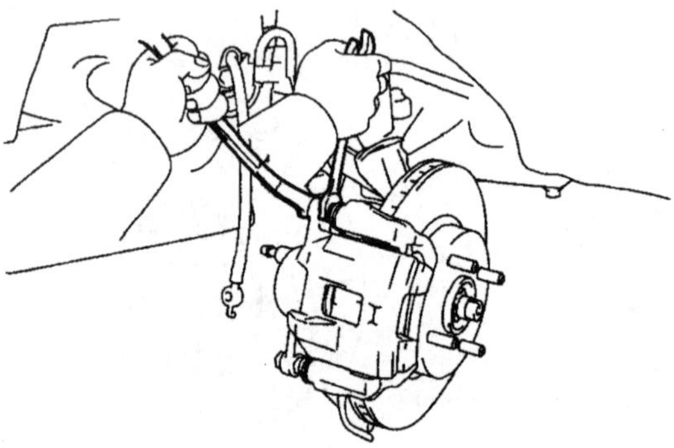

图 4-15　拆卸制动卡钳示意图

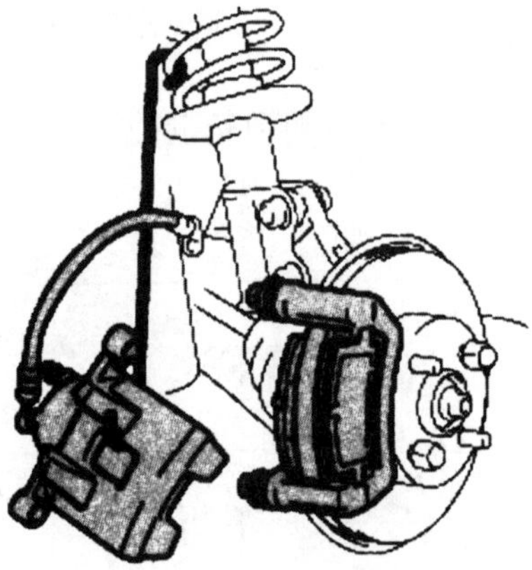

图 4-16　用铁丝挂住制动卡钳示意图

③ 拆卸制动器摩擦片套件。

④ 用直尺测量制动器摩擦片厚度（摩擦片最小厚度参考值 1.0mm），如图 4-13 所示。

（3）检查制动盘厚度。

操作规程：

用外径千分尺测量制动盘厚度，如图 4-17 所示。

（4）检查制动盘磨损和损坏。

操作规程：

检查制动盘上是否有刻痕、不均匀磨损或者异常磨损以及裂纹和其他损坏，如图 4-18 所示。

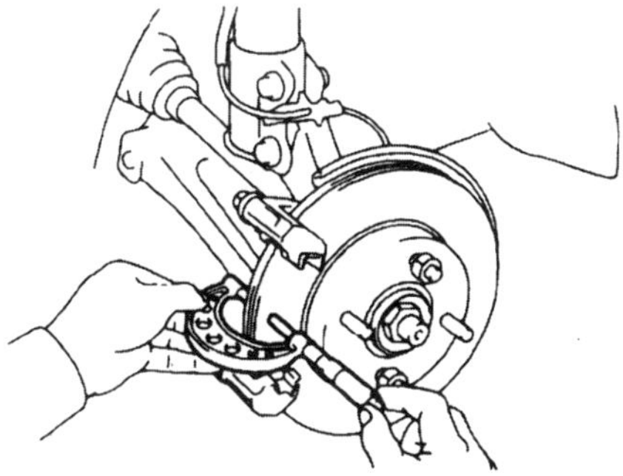

图 4-17　用外径千分尺测量制动盘厚度示意图

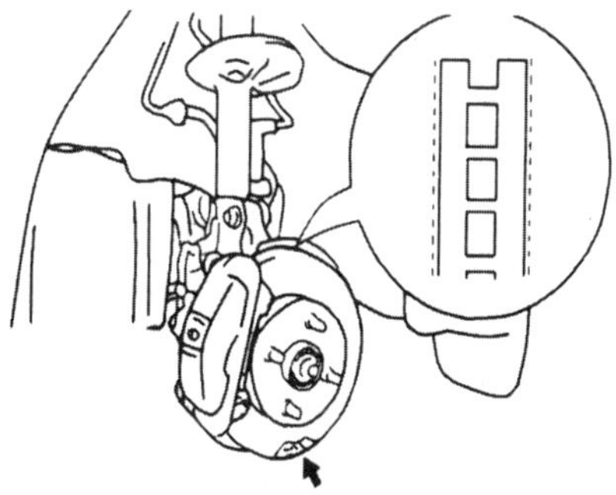

图 4-18　制动盘磨损和损坏检查示意图

（5）检查制动盘摆动（跳动）。

操作规程：

① 用轮毂螺母临时紧固制动盘。

② 在距制动盘外缘 10mm 处用百分表测量制动盘摆动（制动盘最大摆动参考值 0.05mm），如图 4-19 所示。

（6）检查制动卡钳制动液泄漏。

操作规程：

检查制动卡钳中是否有制动液泄漏，如图 4-20 所示。

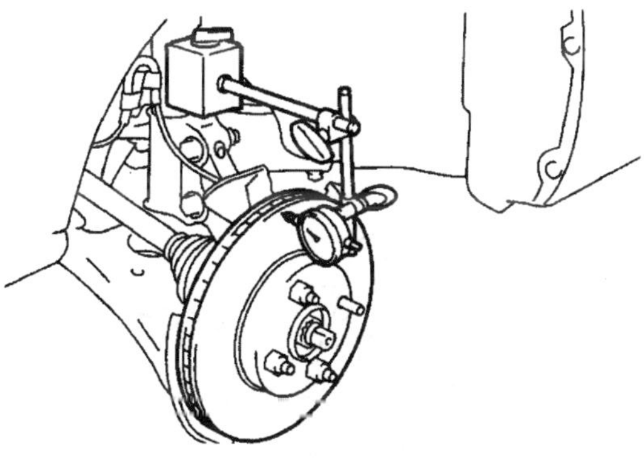

图 4-19　用百分表测量制动盘摆动示意图

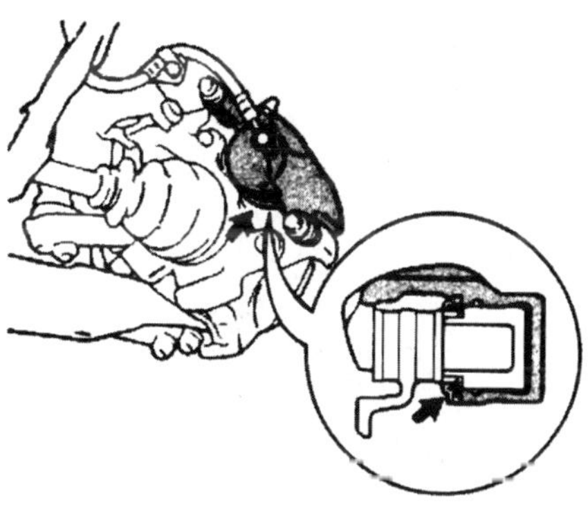

图 4-20　制动卡钳制动液泄漏检查示意图

（7）安装制动器。

操作规程：

① 安装制动器摩擦片套件。

② 安装制动钳，插入 2 个滑动销，螺母拧紧力矩参考值 34N·m。

5. 检查鼓式制动器

鼓式制动器重点检查制动器摩擦片磨损和损坏（摩擦片厚度和损坏检查），制动盘磨损和损坏（制动盘厚度、制动盘跳动、制动卡钳制动液泄漏）等。

（1）后制动鼓拆卸。

操作规程：

① 拆卸后车轮后，松开驻车制动杆，拆下制动鼓。

② 如果不能轻易拆下制动鼓，可以用一字螺丝刀插入制动器背板调整孔，转动调整轮减少调整器长度，使制动蹄片外径调整到大约比制动鼓内径小 1mm 后，拆下制动鼓。

（2）检查制动器制动蹄片移动是否顺利、制动蹄片与背板和固定件之间的接触面是否磨损，以及制动蹄片、背板和固定件是否生锈，如图 4-21 所示。

操作规程：

① 用手前后移动制动蹄片，检查制动蹄片移动是否顺利。

② 查看制动蹄片与背板和固定件之间的接触面是否磨损。

③ 查看制动蹄片、背板和固定件是否生锈。

（3）检查制动蹄片厚度和损坏。

操作规程：

① 用直尺测量制动蹄片厚度（最小厚度参考值 1.0mm），如图 4-22 所示。

② 查看制动蹄片是否有裂纹、蜕皮和损坏。

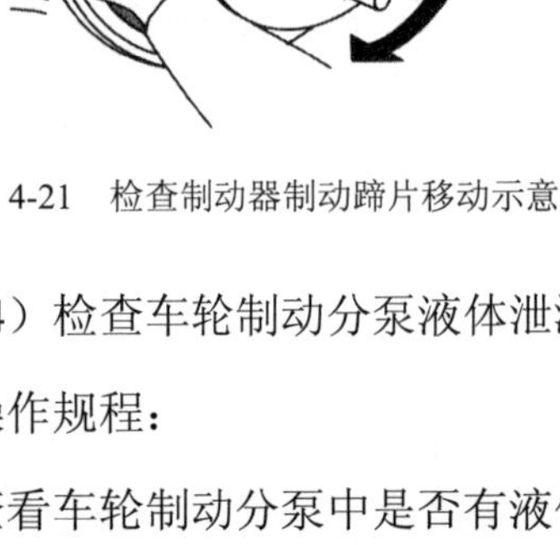

图 4-21　检查制动器制动蹄片移动示意图

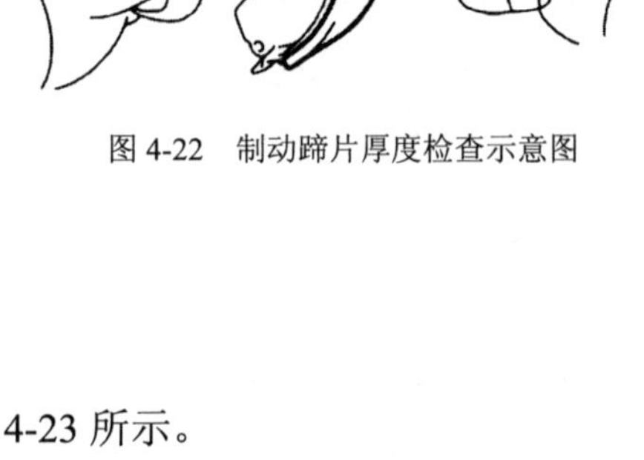

图 4-22　制动蹄片厚度检查示意图

（4）检查车轮制动分泵液体泄漏。

操作规程：

查看车轮制动分泵中是否有液体泄漏，如图 4-23 所示。

（5）检查制动鼓内径。

操作规程：

用游标卡尺测量制动鼓内径，如图 4-24 所示。

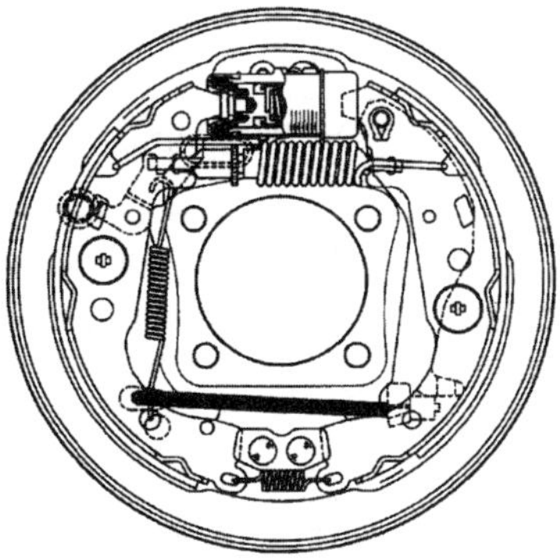

图 4-23　检查制动分泵中液体泄漏示意图

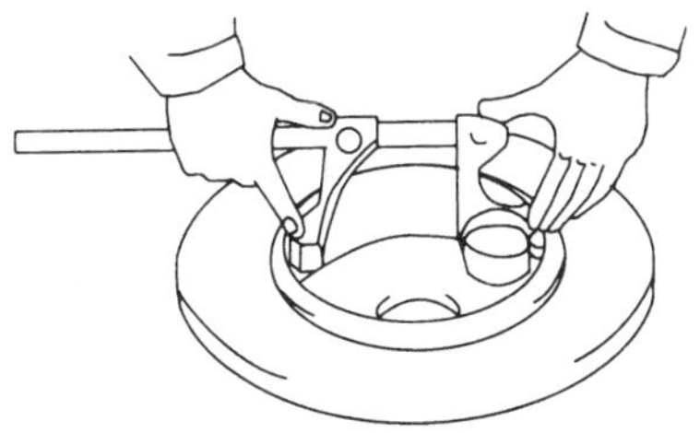

图 4-24　用游标卡尺测量制动鼓内径示意图

（6）检查制动鼓磨损和损坏。

操作规程：

查看制动鼓内径表面是否有油污、裂纹、沟槽，如图 4-25 所示。

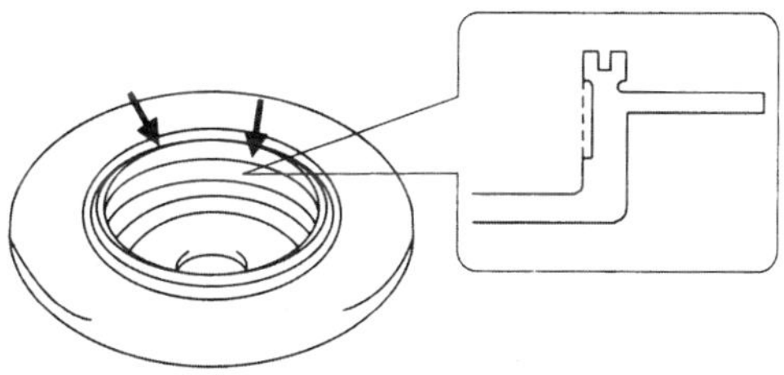

图 4-25　检查制动鼓磨损和损坏示意图

（7）安装制动器。

① 测量制动鼓内径和制动蹄片的直径，检查两者之差是否为正确的制动蹄间隙（制动蹄间隙参考值 0.6mm）。

② 安装制动鼓，临时安装 2 个轮毂螺母。

③ 回转调整器 8 个齿，调整制动蹄片间隙。

四、汽车车轮轴承、轮胎和制动器检查考核（40 分）

汽车车轮轴承、轮胎和制动器检查考核表如表 4-2 所示。

表 4-2　　汽车车轮轴承、轮胎和制动器检查考核表

作业顺序	考核项目	配分	作业说明	得分
车轮轴承				
1	检查有无摆动	2	将一只手放在轮胎上面，另一只手放在下面，用力推拉车轮以便检查，并报出轴承是否有任何摆动	
2	检查转动状况和噪声	2	用手转动车轮检查并报出是否能无任何噪声的平稳转动	
3	拆卸车轮	2	使用气动扳手，按照交叉顺序拆卸 4 个车轮螺母	
盘式制动器（左前）				
4	拆卸盘式制动器	5	正确拆卸盘式制动器	
5	测量制动器摩擦片厚度	1	用直尺测量外侧摩擦片厚度，目视检查内侧摩擦片厚度，并记录数据	
6	检查制动器摩擦片的不均匀磨损	1	目测检查并报出摩擦片是否有偏磨、裂纹等损坏	
7	检查盘式制动盘是否磨损和损坏	2	用磁性表座及百分表检查制动盘的平面跳动，并记录跳动数据	
8	检查盘式制动盘厚度	2	用外径千分尺测量厚度，并记录厚度数据	
9	检查制动卡钳处有无制动液泄漏	1	目测检查并报出制动卡钳是否泄漏	
10	安装盘式制动器	5	正确安装盘式制动器	
鼓式制动器				
11	拆卸鼓式制动器	5	正确拆卸鼓式制动器	
12	检查制动器衬片厚度（左侧）	1	用直尺测量衬片厚度，并记录厚度数据	
13	检查制动蹄片和背板的固定件是否磨损、锈蚀	1	目测检查并报出固定件是否磨损或锈蚀	
14	测量制动蹄片外径	1	应用游标卡尺测量其外径，并记录数据	
15	检查制动分泵损坏、泄漏	1	目测检查并报出分泵是否损坏或泄漏	
16	清洁制动鼓	1	用干净抹布清洁，并报出正在清洁制动鼓	
17	检查制动鼓的磨损和损坏	2	目测检查并报出制动鼓是否有裂纹等损坏，再应用游标卡尺测量制动鼓内径并记录数据	
18	安装制动器	5	正确安装	

指导教师签名：　　　　　　　　　　　　　　　　　　　　总分：

五、“项目单元　车轮轴承、轮胎和制动器检查”项目综合考核成绩统计

“项目单元　车轮轴承、轮胎和制动器检查”项目综合考核成绩统计表如表 4-3 所示。

表 4–3　“项目单元　车轮轴承、轮胎和制动器检查”项目综合考核成绩统计表

考核教师签字：____________

序号	考核内容	配分	评分标准	考核记录	扣分	得分
1	车轮轴承、轮胎和制动器检查项目理论知识考核	20	能完成所有题目，每错漏一题扣 1 分			
2	车轮轴承、轮胎和制动器检查项目实践考核	40	能完成所有项目			
3	车轴轴承、轮胎和制动器检查项目考核	40	所有项目考核合格			
合计		100				

项目五 5 制动器拖滞检查和车轮安装

项目单元 制动器拖滞检查和车轮安装

学习目的

1．知识要点

① 了解制动器拖滞检查和车轮安装的作用。

② 了解制动器拖滞检查和车轮安装的工作内容和技术要求。

2．技能要点

掌握制动器拖滞检查和车轮安装的方法和技术要求。

进行制动器拖滞检查和车轮安装的工作时，车辆举升位置如图 5-1 所示。

图 5-1 制动器拖滞检查和车轮安装的车辆举升位置示意图

一、制动器拖滞检查和车轮安装的工作内容

1．检查制动器拖滞。

2．车轮安装。

二、理论知识题（10 分）

（1）制动器拖滞的概念是什么？

（2）请阐述制动器拖滞产生的原因及解决的方法。

三、实践操作题（40 分）

按照制动器拖滞检查和车轮安装的操作规程进行操作。完成各项操作后，在制动器拖滞和检查车轮安装项目学生自我考核评价表的检查情况栏内打勾或记录检查数据，在自我评价栏内打勾，在学生自评成绩栏内作学生自评成绩，如表 5-1 所示。

表 5-1 制动器拖滞检查和车轮安装项目学生自我考核评价表

维护项目作业顺序及项目作业确认、自我评价和学生自评成绩				
制动器拖滞检查和车轮安装				
序号	检查部位	检查项目	检查情况	自我评价
1	制动器	检查制动器拖滞	制动器不拖滞	会　否
2	车轮	车轮安装	按交叉顺序安装车轮螺母，只需预紧	会　否
学生自评成绩				

1. 检查制动器拖滞

操作规程如图 5-2 所示。

（1）拉几次驻车制动杆，然后拉上驻车制动杆，用手转动后轮，检查驻车制动器是否已起作用。在正常情况下，此时后轮制动器已抱死，转不动。

（2）完全放开驻车制动杆，用手转动后轮，检查后轮制动器是否存在拖滞、车轮是否能自由地转动。在正常情况下，此时应无任何拖滞且车轮能自由地转动。

（3）踩几次行车制动器，然后完全踩住行车制动器，用手转动车轮，检查行车制动器是否已起作用。在正常情况下，此时行车制动器已抱死，转不动。

（4）完全放开行车制动器，用手转动车轮，检查制动器是否存在拖滞、车轮是否能自由地转动。在正常情况下，此时应无任何拖滞且车轮能自由地转动。

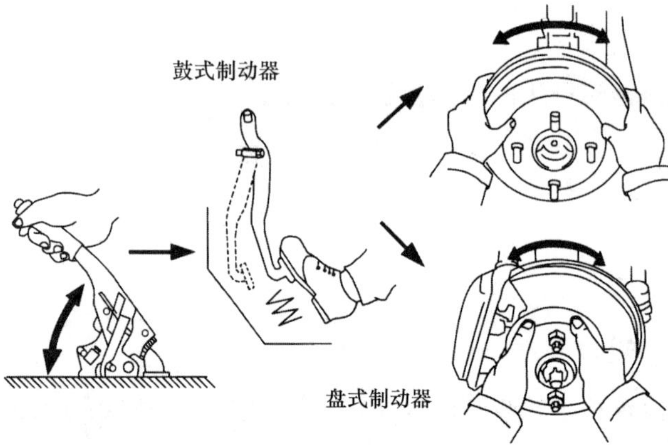

图 5-2　制动器拖滞检查示意图

2. 车轮安装

操作规程如图 5-3 所示。

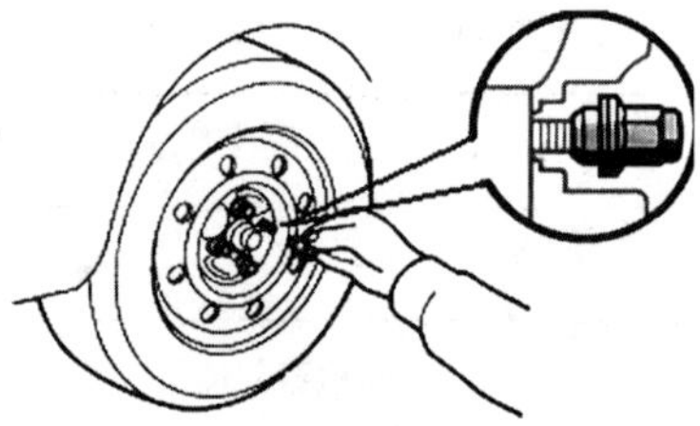

图 5-3　车轮安装示意图

（1）将车轮滚到安装位置，螺栓对准车轮孔，然后举起车轮直到最上面的螺栓穿过螺孔，转动车轮并向后推至其他螺栓都穿过螺孔为止。

（2）用手重新安装所有的车轮螺母。将车轮螺母楔形端朝内对准螺栓，先用手将车轮螺母尽量拧紧。向后推一下车轮，看能否再拧紧一些。

四、制动器拖滞检查和车轮安装考核（40 分）

制动器拖滞检查和车轮安装考核表如表 5-2 所示。

表 5–2　　制动器拖滞检查和车轮安装考核表

作业顺序	考核项目	配分	技术说明	得分
1	检查制动器踏板和制动杆（拖滞检查准备工作）	15	踩动几下制动器踏板及拉几下驻车制动杆，以便允许制动蹄片下陷	
2	检查制动器拖滞	20	用手转动制动盘和制动鼓，检查并报出制动器是否有任何拖滞现象	
3	车轮安装	15	正确安装车轮	

指导教师签名：　　　　　　　　　　　　　　　　总分：

五、"项目单元　制动器拖滞检查和车轮安装"项目综合考核成绩统计

"项目单元　制动器拖滞检查和车轮安装"项目综合考核成绩统计表如表 5-3 所示。

表 5-3　"项目单元　制动器拖滞检查和车轮安装"项目综合考核成绩统计表

考核教师签字：____________

序号	考核内容	配分	评分标准	考核记录	扣分	得分
1	制动器拖滞检查和车轮安装项目理论知识考核	20	能完成所有题目，每错漏一题扣 1 分			
2	制动器拖滞检查和车轮安装项目实践考核	40	能完成所有项目			
3	制动器拖滞检查和车轮安装项目考核	50	所有项目考核合格			
合计		100				

项目六 6 发动机室的检查

项目单元一 发动机起动前的检查

学习目的

1．知识要点

① 了解发动机起动前检查的作用。

② 了解发动机起动前检查的工作内容和技术要求。

2．技能要点

掌握发动机起动前检查的方法和技术要求。

一、发动机启动前的检查工作内容

1．发动机起动前的检查预备工作

（1）发动机起动前的检查工作要在平坦的地面上进行，如图 6-1 所示。（2）拉起驻车制动器拉杆；（3）用车轮挡块挡住车轮，如图 6-2 所示。

图 6-1　发动机起动前的检查工作车辆位置示意图

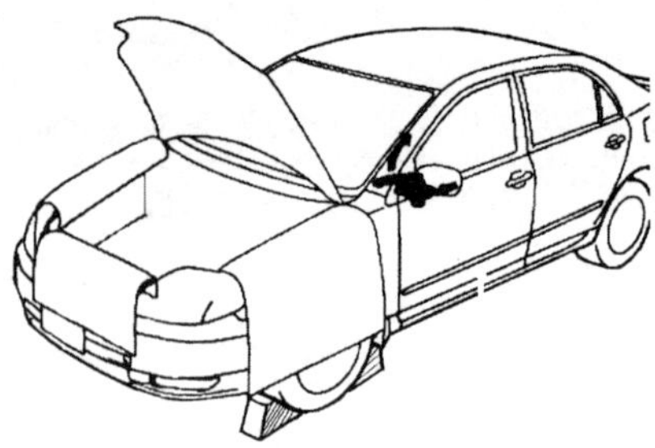

图 6-2　车轮挡块挡车轮示意图

2．加注发动机机油

3．检查发动机冷却液液位

4. 检查火花塞

（1）检查火花塞型号；（2）清洁火花塞；（3）检查火花塞电极间隙；（4）检查火花塞螺纹和绝缘体是否损坏。

5. 检查蓄电池

（1）检查蓄电池电解液液位；（2）检查蓄电池相对比重；（3）检查蓄电池电压。

6. 检查制动液

7. 检查空气滤清器

8. 检查前减振器上支架螺栓紧固

9. 检查喷洗液

二、理论知识题（20 分）

1. 填空题（10 分）

（1）常见的火花塞，以电极来分，可分为__________、__________和__________3 种。

（2）在火花塞间隙检查时，先用__________测量火花塞间隙值，检查是否在规定值内。如不在规定值内，则用__________调整到规定值内。

（3）电解液成分主要是__________和__________。

（4）一般汽车蓄电池的电压是__________V 或__________V。

（5）空气滤清器的滤芯分为__________和__________两种。

2. 问答题（10 分）

（1）在发动机起动前的检查工作，为什么必须拉起驻车制动杆并使用车轮挡块挡住车轮？

（2）如何以火花塞的颜色，来判断火花塞的好坏？

三、实践操作题（40 分）

按照发动机起动前的检查的操作规程进行操作。完成各项操作后，在发动机起动前的检查项目学生自我考核评价表的检查情况栏内打勾或记录检查数据，在自我评价栏内打勾，在学生自评成绩栏内作学生自评成绩，如表 6-1 所示。

表 6–1 发动机起动前的检查项目学生自我考核评价表

维护项目作业顺序及项目作业确认、自我评价和学生自评成绩				
发动机起动前的检查				
序号	检查部位	检查项目	检查情况	自我评价
1	发动机起动前准备工作	驻车制动杆	车辆被可靠制动住	会 否
		放置车轮挡块	已安装	会 否
2	发动机机油	加注发动机机油	按原厂规定，①机油规格：API SF 级或以上，机油黏度等级（SAE 标准）根据环境温度来选择。②规定数量的机油，油面高度应在油尺上、下两刻度之间	会 否
3	火花塞	型号检查	型号与该车配用	会 否
		电极磨损检查	电极应无损坏现象	会 否
		间隙检查	间隙应在规定值内	会 否
		损坏检查	火花塞金属螺纹、陶瓷螺纹应没有崩裂等损坏	会 否
4	蓄电池	检查电解液液位	在最高和最低刻度内	会 否
		检查蓄电池盒是否损坏	无损坏和裂纹	会 否
		检查蓄电池端子是否腐蚀	无腐蚀	会 否
		检查蓄电池端子导线是否松动	无松动	会 否
		检查通风孔塞是否损坏、堵塞	无损坏、堵塞	会 否
		测量电解液密度（单格）	在气温 20℃时密度应为 1.25～1.29	会 否
		检查蓄电池端电压	应在 11.8～12.5V 范围内	会 否
		检查充电电压	发动机运转时，充电电压应为 12.5～12.9V	会 否
5	制动液	检查总泵内液面（储液罐）	制动液液位符合规定应，保持在储液罐外部标记位置的最高“MAX”与最低“MIN”之间	会 否
		检查总泵是否泄漏	无泄漏	会 否

续表

维护项目作业顺序及项目作业确认、自我评价和学生自评成绩				
发动机起动前的检查				
序号	检查部位	检查项目	检查情况	自我评价
6	制动管路	检查液体是否泄漏	无泄漏	会 否
		检查制动器管和软管是否有裂纹和损坏	管路和连接处等无扭曲、裂纹和凸起	会 否
		检查制动器管和软管的安装状况	安装紧固和牢靠。制动管线与车轮或车身不接触且不被拉得很紧	会 否
7	空气滤清器滤芯	检查并更换	空气滤清器清洁，或更换新空气滤清器滤芯	会 否
8	前减振器的上支架	检查前减振器上支架的松动	按原厂规定紧固，参考值扭矩 33N·m	会 否
9	喷洗液	检查液位	应注满	会 否
学生自评成绩				

1. 加注发动机机油

操作规程如下。

（1）通过注油孔注入规定数量的新机油，如图 6-3 所示。

（2）检查发动机机油液面高度，如图 6-4 所示。

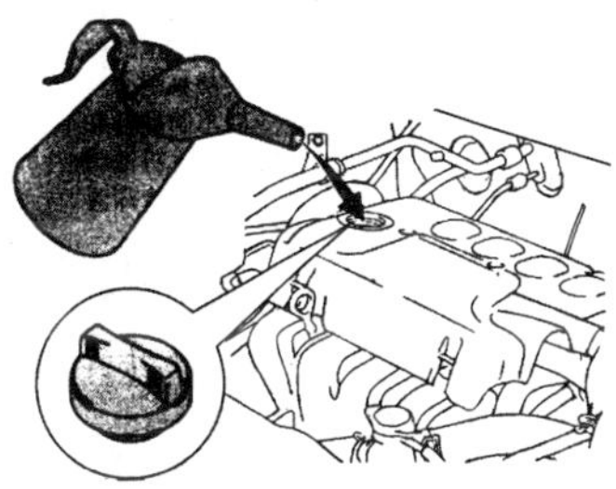

图 6-3 发动机机油加注示意图

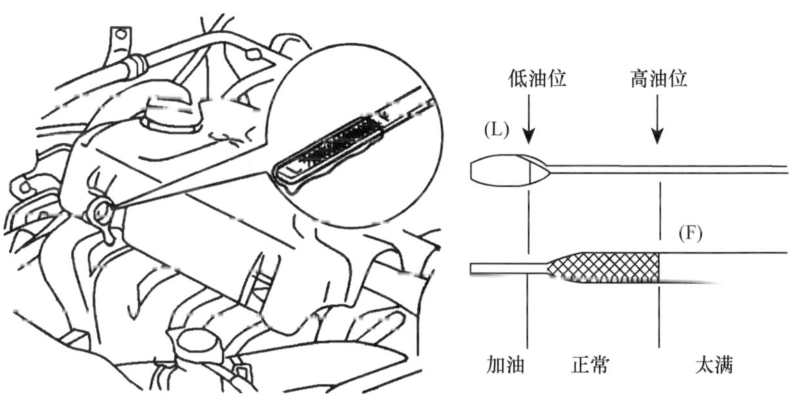

图 6-4 发动机机油液面检查示意图

2. 检查发动机冷却液液位

操作规程如下。

目测检查发动机冷却液液位是否在“FULL”与“LOW”线之间，如不足则必须加到规定范围，如图 6-5 所示。

3. 检查火花塞

操作规程如下。

（1）拆卸火花塞，如图 6-6 所示。

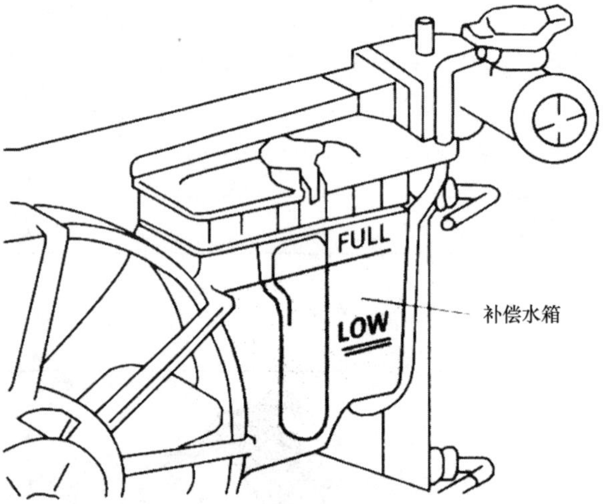

图 6-5 检查发动机冷却液液位示意图

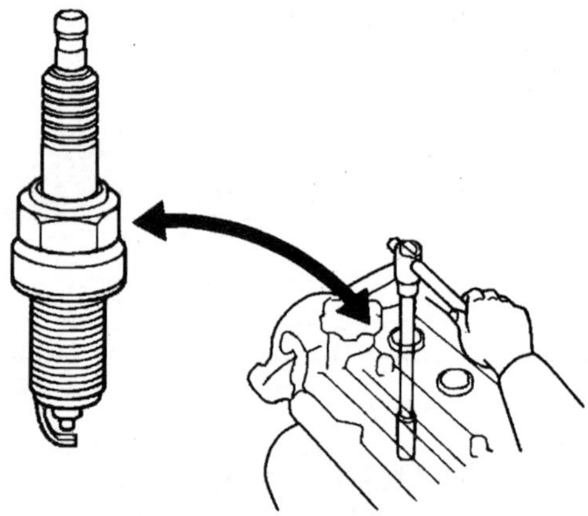

图 6-6 拆下火花塞示意图

（2）火花塞型号检查。目测检查火花塞的型号是否与该车配用。

（3）火花塞间隙检查。火花塞间隙如图 6-7 所示。用厚薄规测量火花塞间隙值，检查是否在规定值内。如不在规定值内，则用专用工具调整到规定值内，如图 6-8 所示。

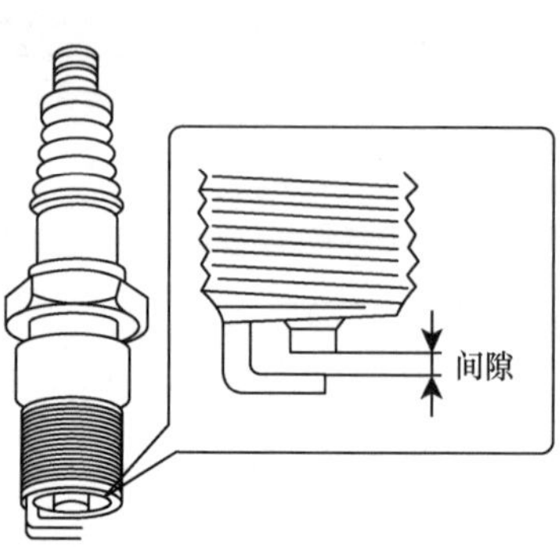

图 6-7 火花塞间隙示意图

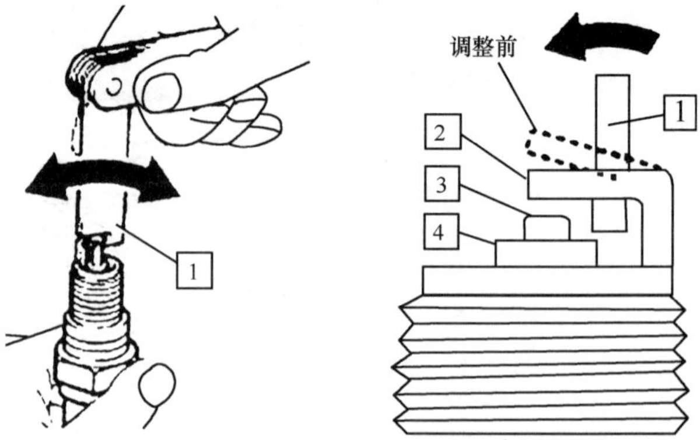

图 6-8 火花塞间隙调整示意图

（4）火花塞损坏检查。目测检查火花塞金属螺纹、陶瓷螺纹是否有崩裂等损坏。

（5）火花塞电极磨损检查。目测检查电极是否有损坏现象，并观察其颜色，从而检查出发动机的工作情况，如图 6-9 所示。

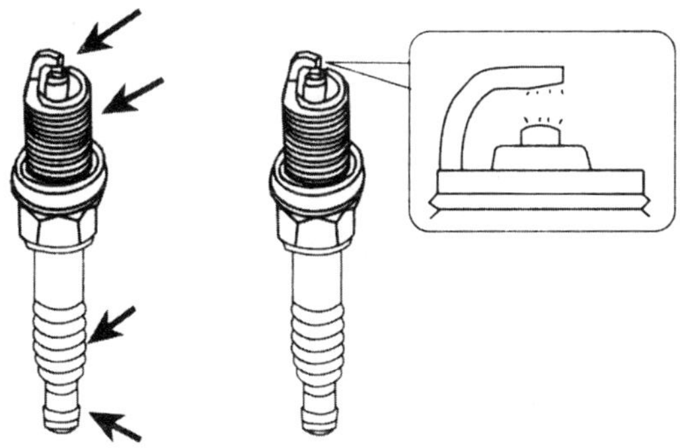

图 6-9 火花塞电极磨损及损坏示意图

4. 检查蓄电池

（1）检查蓄电池电解液液位高度。

操作规程如下。

目测检查（必要时借助工作灯辅助）电解液液面是否在最高线与最低线之间，如图 6-10 所示。

（2）检查电解液密度。

操作规程如下。

使用密度计测量电解液密度，如图 6-11 所示。20℃时电解液密度应为 1.25～1.29。

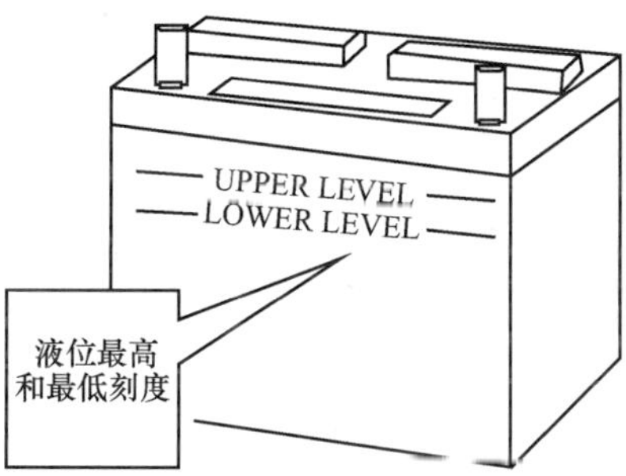

图 6-10 检查蓄电池电解液液位示意图

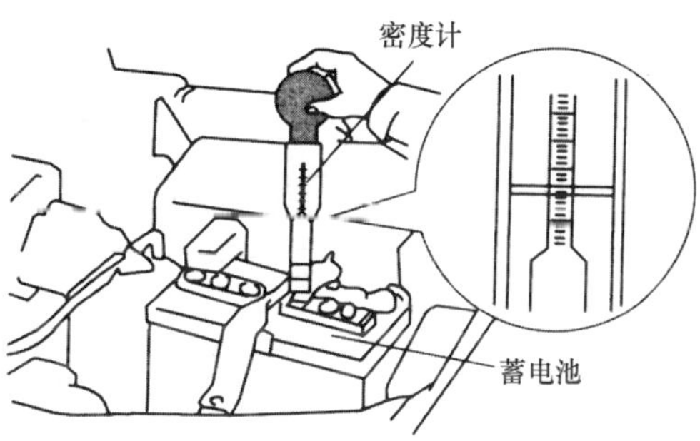

图 6-11 使用密度计测量电解液密度示意图

（3）检查蓄电池电压。

操作规程如下。

① 起动发动机，在关闭发动机后 20min 以内，把点火开关转到“ON”，打开电气系统（前照灯、风扇电机、后窗除雾等）60s。

② 把点火开关转到“OFF”，关闭电气系统。

③ 用数字万用表测量蓄电池正负接线柱之间的电压，如图 6-12 所示。

（4）检查蓄电池外观。

操作规程如下。

① 目测检查蓄电池外壳是否损坏，如图 6-13 所示。

② 用手轻轻移动蓄电池端子及导线，目测检查是否松动、腐蚀。

③ 拆卸下通风孔塞，目测检查是否损坏、堵塞。

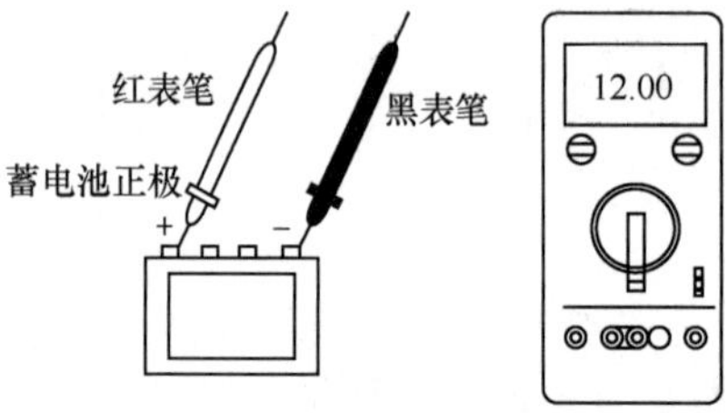

图 6-12　使用万用表检查蓄电池端电压示意图

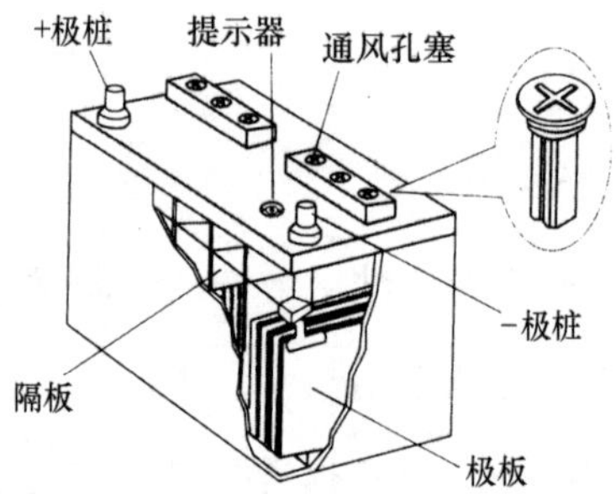

图 6-13　蓄电池外观检查示意图

（5）检查蓄电池状况。

操作规程如下。

通过蓄电池提示器颜色检查蓄电池状况，如图 6-14 所示。

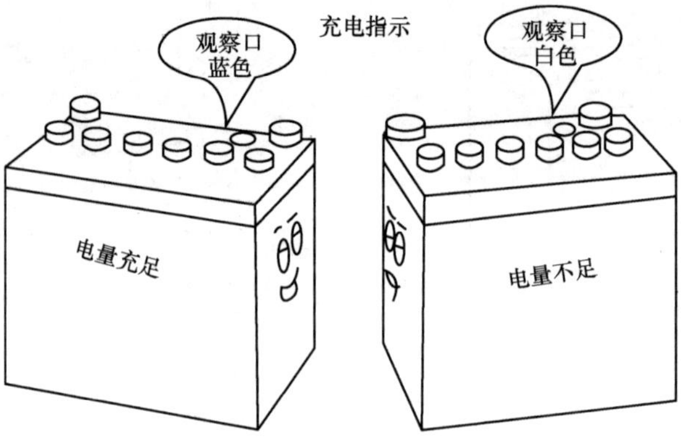

图 6-14　通过提示器检查蓄电池状况示意图

蓄电池提示器颜色为蓝色或绿色表示蓄电池状况良好；蓄电池提示器颜色为白色或浅黑色表示蓄电池需要充电；蓄电池提示器颜色为透明或淡黄色、红色表示蓄电池需要维修，如图 6-15 所示。

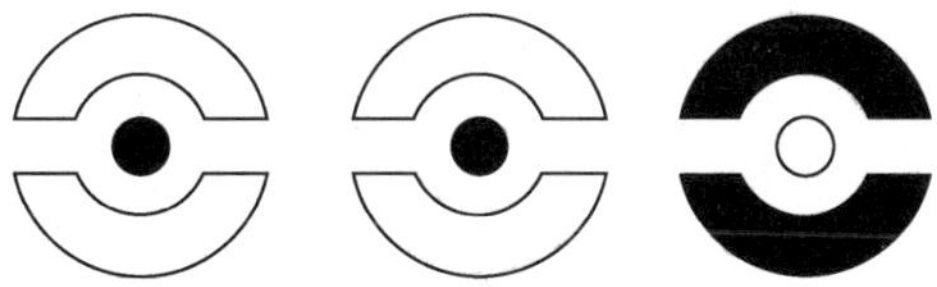

图 6-15　通过提示器颜色变化判断蓄电池状况示意图

提示：

① 请不要吸出蓄电池电解液。蓄电池内含有有害的腐蚀性硫酸，所以错误的操作会引发意外事故。

② 万一蓄电池电解液喷溅在眼睛或皮肤上，请立刻用大量清水冲洗，并尽快接受医生的治疗。误饮蓄电池电解液的时候，作为应急措施请立即大量饮用清水，并尽快接受医生治疗。

③ 清理蓄电池时，请不要使用干布擦拭，因为会有产生静电引起爆炸的危险。请不要短路蓄电池、不要接近烟火。因为可能会引燃蓄电池产生的可燃气体，从而发生爆炸的危险。

5. 检查制动液

操作规程如下。

（1）目测检查制动储液罐、制动主泵、制动管路、制动分泵周围是否有制动液渗漏现象，如图 6-16 所示。

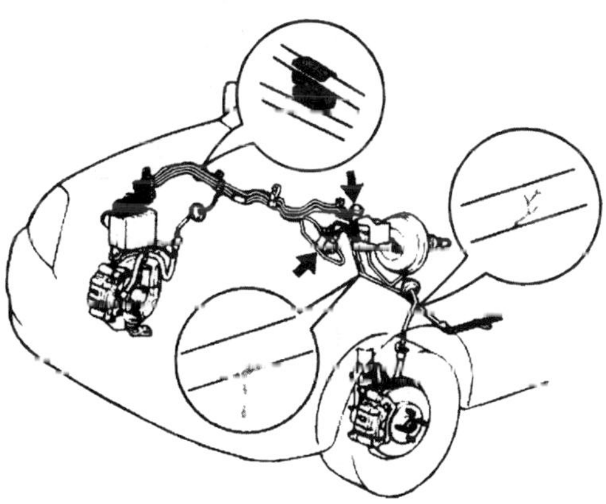

图 6-16　检查制动管路损坏和制动液渗漏示意图

（2）目测检查制动管路是否有裂纹、压瘪等损坏现象。

6. 检查空气滤清器

操作规程如下。

（1）拆卸空气滤清器滤芯，如图 6-17 所示。

（2）清洁空气滤清器滤芯，如图 6-18 与图 6-19 所示。

（3）更换空气滤清器滤芯，如图 6-17 所示。

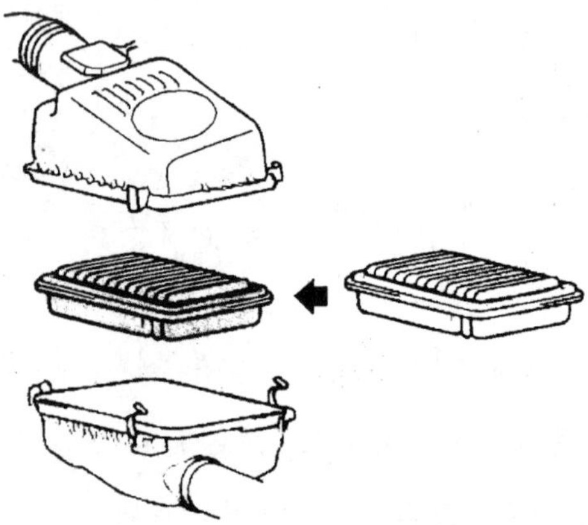

图 6-17 拆卸更换空气滤清器滤芯示意图

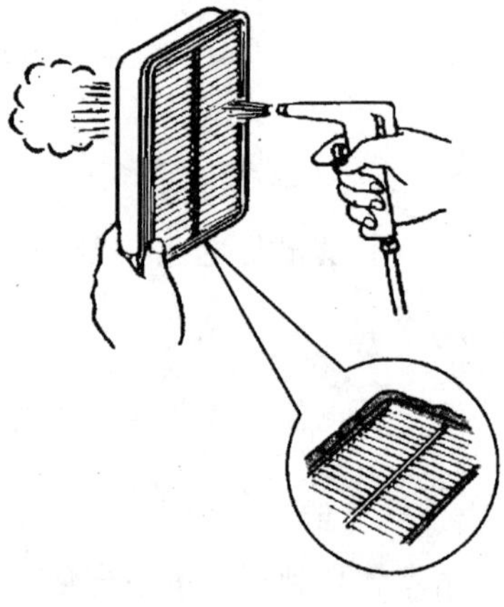

图 6-18 清洁空气滤清器滤芯示意图

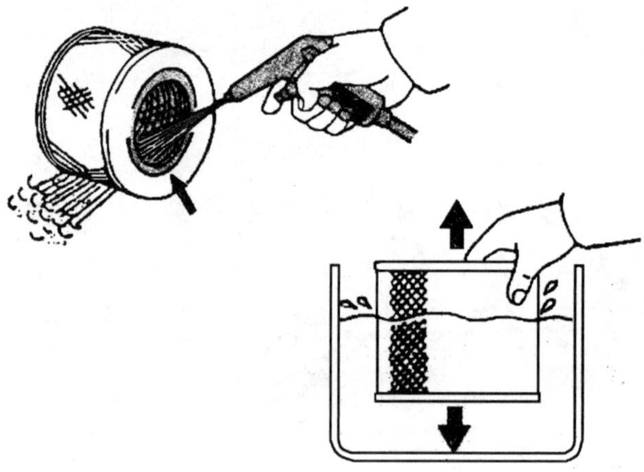

图 6-19 清洁空气滤清器滤芯示意图

7. 检查前减振器上支架螺栓的紧固程度

操作规程如下。

用扭力扳手，以规定扭矩（参考值 33N·m）对前减振器上支架螺栓进行紧固，如图 6-20 所示。

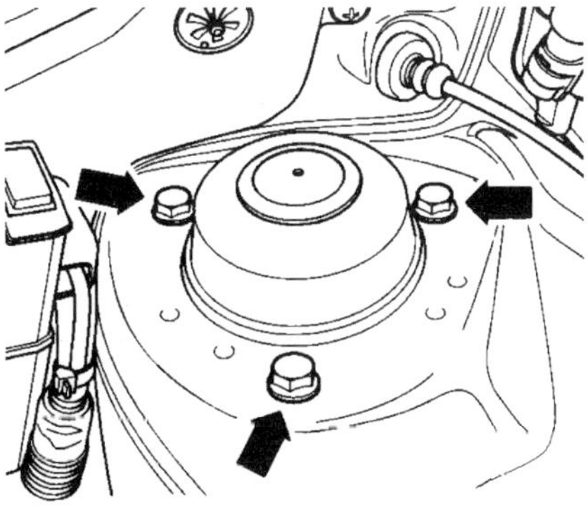

图 6-20 检查前减振器上支架螺栓紧固示意图

8. 检查喷洗液

操作规程如下。

（1）抽出喷洗液储液罐的标尺，观察喷洗液是否注满，如图 6-21 所示。

（2）目测检查喷洗液液质是否过于浑浊。

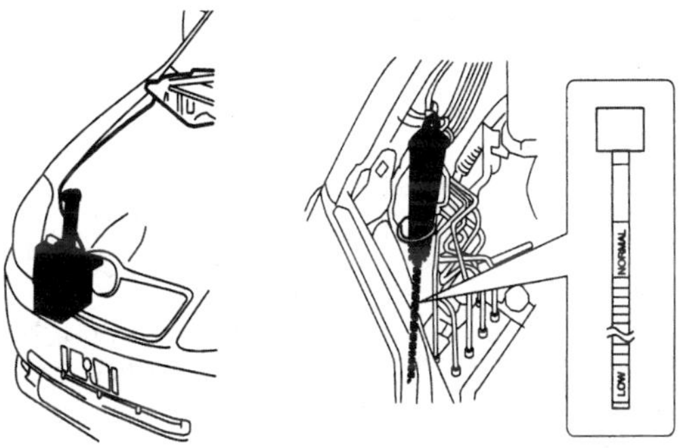

图 6-21 喷洗液检查示意图

四、发动机起动前检查的工作考核（40 分）

发动机起动前检查的工作项目考核表如表 6-2 所示。

表 6-2 发动机起动前的工作项目考核表

作业顺序	考核项目	配分	作业说明	得分
驻车制动杆和车轮挡块				
1	驻车制动杆	2 分	在车内拉起驻车制动杆	
2	放置车轮挡块	2 分	放置车轮挡块在左前轮	

续表

作业顺序	考核项目	配分	作业说明	得分
发动机机油				
3	加注发动机机油	3 分	铺上一块抹布，用新的机油进行加注	
蓄电池				
4	检查电解液液位	2 分	用手指向检查部位，检查电解液液位，必要时借用照明，并报出液位是否正常	
5	检查蓄电池盒损坏	2 分	用手指向检查部位，目测检查并报出蓄电池盒是否损坏	
6	检查蓄电池端子腐蚀	2 分	用手指向检查部位，目测检查并报出蓄电池端子是否腐蚀	
7	检查蓄电池端子导线松动	2 分	用手摇动端子导线进行检查并报出蓄电池端子导线是否松动	
8	检查通风孔塞损坏、堵塞	2 分	打开通风孔塞，检查单格通风孔塞并报出通风孔塞是否损坏或堵塞	
9	测量电解液密度	4 分	用密度计测量电解液密度	
制动液				
10	检查总泵内液面（储液罐）	2 分	用手指向检查部位，报出液面是否正常	
11	检查总泵是否泄漏	2 分	用手指向检查部位，目测整个总泵外围进行检查，报出总泵是否泄漏	
12	检查液体是否泄漏	2 分	用手指向检查部位，目测检查并报出从储液罐或总泵出来的管路或软管是否泄漏	
13	检查制动器管和软管是否有裂纹和损坏	2 分	目测检查制动器管和软管是否有裂纹和损坏，并报出制动器管和软管是否有裂纹和损坏	
14	检查制动器管和软管的安装状况	2 分	目测检查制动器管和软管的安装状况，并报出制动器管和软管的安装状况	
空气滤清器滤芯				
15	检查并更换	3 分	更换空气滤清器滤芯	
前减振器的上支架				
16	检查前减振器上支架的紧固程度	4 分	用扭力扳手检查，并报出减振器上支架螺栓紧固扭矩值	
喷洗液				
17	检查喷洗液液位（目视即可）	2 分	用手指向检查部位，目测检查并报出液面是否正常	

指导教师签名：　　　　　　　　　　　　　　　　　　　　　　　　总分：

五、“项目单元一　发动机起动前的检查”项目综合考核成绩统计

“项目单元一　发动机起动前的检查”项目综合考核成绩统计表如表 6-3 所示。

表 6-3　　“项目单元一　发动机起动前的检查”项目综合考核成绩统计表

考核教师签字：__________

序号	考核内容	配分	评分标准	考核记录	扣分	得分
1	汽车发动机起动前的检查项目理论知识考核	20	能完成所有题目，错漏一题扣 1 分			
2	汽车发动机起动前的检查项目实践考核	40	能完成所有项目			
3	汽车发动机起动前的检查项目考核	40	所有项目考核合格			
合计		100				

项目单元二　发动机起动暖机过程的检查工作

学习目的

1．知识要点

① 了解发动机起动暖机过程检查的作用。

② 了解发动机起动暖机过程检查的工作内容和技术要求。

2．技能要点

掌握发动机起动暖机过程检查的方法和技术要求。

一、发动机起动暖机过程的检查工作内容

（1）车轮轮毂螺母的再紧固。

（2）PCV 系统检查。

（3）发动机冷却液检查。

二、理论知识题（20 分）

1. 填空题（10 分）

（1）在车轮轮毂螺母的再紧固过程中，用__________并顺时针拧紧螺母。不要用其他工具或除手以外的任何杠杆工具，如__________、__________或__________。确认扳手紧套在螺母上。

（2）PCV 阀是一个__________阀。

2. 问答题（10 分）

（1）为什么要在发动机起动暖机过程中，检查发动机冷却系统？

（2）为什么用手按捏几次 PCV 管，PCV 阀会发出“吱吱”的响声？

三、实践操作题（40 分）

按照发动机起动暖机过程的检查的操作规程进行操作。完成各项操作后，在发动机起动暖机过程的检查工作项目学生自我考核评价表的检查情况栏内打勾或记录检查数据，在自我评价栏内打勾，在学生自评成绩栏内作学生自评成绩，如表 6-4 所示。

表 6-4　　发动机起动暖机过程的检查工作项目学生自我考核评价表

维护项目作业顺序及项目作业确认、自我评价和学生自评成绩				
发动机起动暖机过程的检查工作				
序号	检查部位	检查项目	检查情况	自我评价
1	发动机起动暖机	轮毂螺母的再紧固	用扭力扳手、专用套筒，以规定扭矩（参考值：103N·m）交叉紧固轮毂螺栓，一般分 2～3 次紧固	会　否
		PCV 系统检查	用手按捏几次 PCV 管，观察 PCV 阀是否发出“吱吱”的响声	会　否

续表

维护项目作业顺序及项目作业确认、自我评价和学生自评成绩				
发动机起动暖机过程的检查工作				
序号	检查部位	检查项目	检查情况	自我评价
2	发动机起动暖机过程中发动机冷却液	检查是否从散热器泄漏	散热器应无泄漏	会 否
		检查橡胶软管是否泄漏	橡胶软管应无泄漏	会 否
		检查软管夹周围是否泄漏	软管夹周围应无泄漏	会 否
		检查散热器盖是否泄漏	散热器盖应无泄漏	会 否
		检查橡胶软管是否有裂纹、凸起和硬化	应无裂纹、凸起和硬化	会 否
		检查橡胶软管是否连接松动	应无松动	会 否
		检查夹箍是否安装松动	应无松动	会 否
学生自评成绩				

1. 车轮轮毂螺母的再紧固

操作规程如下。

（1）将车辆停放在地面上，用扭力扳手、专用套筒对车轮轮毂螺母进行再紧固，如图 6-22 所示。

图 6-22 车轮轮毂螺栓紧固示意图

（2）以规定扭矩（参考值：103N·m）交叉紧固轮毂螺栓，如图 6-23 所示。一般分 2～3 次紧固。

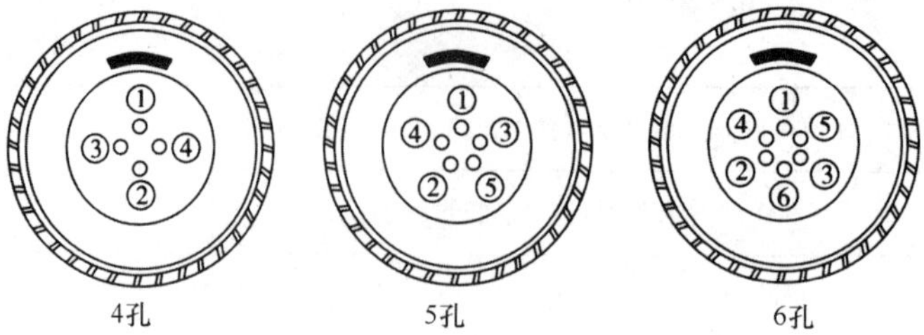

图 6-23　紧固轮毂螺母的方法示意图

2. 检查 PCV 阀

操作规程如下。

PCV 阀是单向阀，如果拆卸检查可用下列方法进行检查。

（1）将空气从气缸侧吹入，空气穿过应容易。

（2）将空气从进气室侧吹入，空气穿过应困难。

（3）用手按捏几次 PCV 管，观察 PCV 阀是否发出“吱吱”的响声，正常情况下会有声音，如图 6-24 所示。

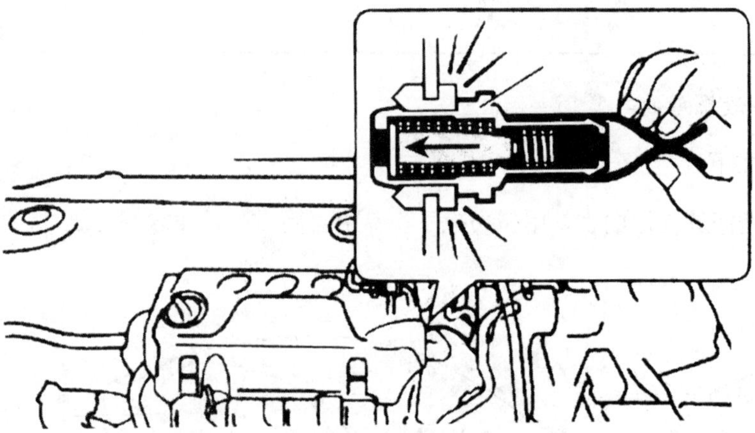

图 6-24　检查 PCV 阀示意图

3. 发动机冷却液检查

操作规程如下。

（1）目测检查软管是否有裂纹、压瘪、凸起，软管接头脱落、松动等损坏现象。

（2）目测检查补偿液箱液位是否在规定值内，再检查散热器、橡胶软管、软管夹、散热器盖周围是否存在渗漏的现象，如图 6-25 所示。

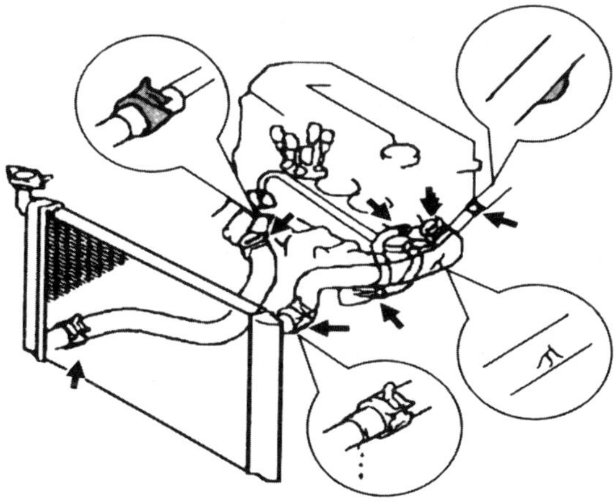

图 6-25 冷却液渗漏检查示意图

四、发动机起动暖机过程的检查工作项目考核（40 分）

发动机起动暖机过程的检查工作项目考核表如表 6-5 所示。

表 6-5 发动机起动暖机过程的检查工作项目考核表

作业顺序	考核项目	配分	技术说明	得分
轮毂螺母的再紧固				
1	旋紧车轮	12 分	用扭力扳手，以交叉顺序紧固，并报出扭矩值	
发动机冷却液				
2	检查是否从散热器泄漏	4 分	用手指向检查部位，目测检查并报出各个部位是否泄漏	
3	检查橡胶软管是否泄漏	4 分	用手指向检查部位，目测检查并报出各个部位是否泄漏	
4	检查软管夹周围是否泄漏	4 分	用手指向检查部位，目测检查并报出各个部位是否泄漏	
5	检查散热器盖是否泄漏	4 分	用手指向检查部位，目测检查并报出各个部位是否泄漏	
6	检查橡胶软管是否有裂纹、凸起和硬化	4 分	用手指向检查部位，目测检查并报出各个部位是否泄漏	
7	检查橡胶软管是否连接松动	4 分	用手轻微摇动软管以检查软管是否松动	
8	检查夹箍安装是否松动	4 分	用手轻微摇动夹箍进行检查并报出夹箍是否松动	

指导教师签名： 总分：

五、“项目单元二　发动机起动暖机过程的检查工作”项目综合考核成绩统计

“项目单元二　发动机起动暖机过程的检查工作”项目综合考核成绩统计表如表6-6所示。

表6-6　“项目单元二　发动机起动暖机过程的检查工作”项目综合考核成绩统计表

考核教师签字：____________

序号	考核内容	配分	评分标准	考核记录	扣分	得分
1	发动机起动暖机过程的检查工作项目理论知识考核	20	能完成所有题目，错漏一题扣1分			
2	发动机起动暖机过程的检查工作项目实践考核	40	能完成所有项目			
3	发动机起动暖机过程的检查工作项目考核	40	所有项目考核合格			
合计		100				

项目单元三　发动机暖机后（和运行）的检查工作

学习目的

1．知识要点

① 了解发动机暖机后（和运行）检查的作用。

② 了解发动机暖机后（和运行）检查的工作内容和技术要求。

2．技能要点

掌握发动机暖机后（和运行）检查的方法和技术要求。

一、发动机暖机后（和运行）的检查工作内容

（1）自动变速器油液检查。

（2）空调检查。

（3）动力转向油液检查。

（4）发动机机油检查。

（5）燃油滤清器检查。

二、理论知识题（填空题 10 分）

（1）自动变速器对油液的要求极其严格，它要求油液不仅有__________、__________、冷却作用，还应具有传递扭矩和传递液压以控制__________、__________的工作性能。

（2）目前大部分小汽车上用的制冷剂分为__________制冷剂和__________制冷剂两种。

（3）汽车空调由__________、__________、__________、__________等部分组成。

（4）动力转向油液是指加注在汽车__________中的一种油。

（5）燃油滤清器通过__________来清除燃油中的杂质。

三、实践操作题（40 分）

按照发动机暖机后（和运行）的检查的操作规程进行操作。完成各项操作后，在发动机暖机后（和运行）的检查工作项目学生自我考核评价表的检查情况栏内打勾或记录检查数据，在自我评价栏内打勾，在学生自评成绩栏内作学生自评成绩，如表 6-7 所示。

表 6-7　发动机暖机后（和运行）的检查工作项目学生自我考核评价表

维护项目作业顺序及项目作业确认、自我评价和学生自评成绩				
发动机暖机后（和运行）的检查工作				
序号	检查部位	检查项目	检查情况	自我评价
1	自动变速器油液	自动变速器油液位	规定值范围内	会　否
		自动变速器油液油质	自动变速器油液油质没有变黑等变质现象	会　否
		更换自动变速器油液	更换	会　否
2	空调	检查制冷剂量	充足	会　否
		检查制冷剂是否渗漏	应无渗漏	会　否
3	发动机暖机后动力转向液	测量液位	落差小于 5mm 为正常	会　否
4	发动机机油	检查发动机油位（不必预热，按照当时温度）	机油标尺上的机油高度在最高位与最低位之间	会　否
5	燃油滤清器	检查燃油滤清器	无渗漏现象	会　否
学生自评成绩				

1. 检查自动变速器油液

操作规程如下。

（1）起动发动机，怠速运转，并踩着制动来回换挡几次，使油温上升至 50～80℃，然后抽出油标尺擦净后重新插入再拔出检查，检查油面是否达到油标尺上规定的范围，如图 6-26 和图 6-27 所示。

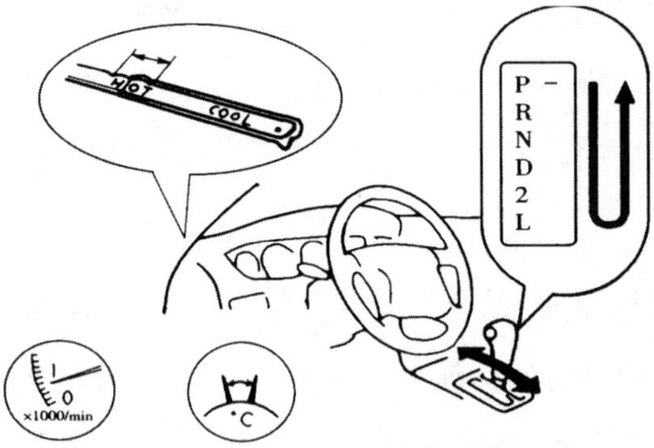

图 6-26　自动变速器油位检查示意图

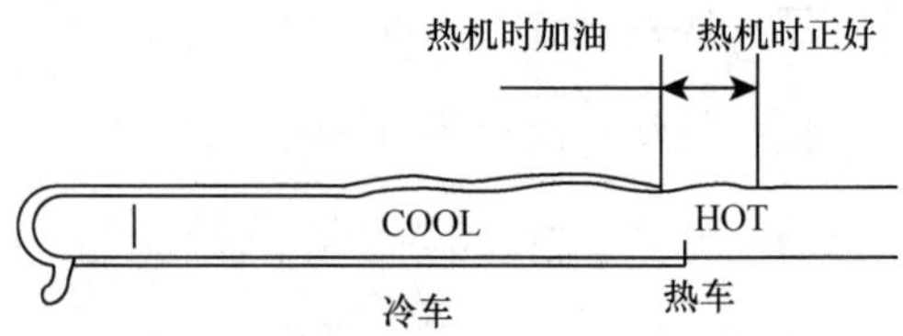

图 6-27　自动变速器油标尺示意图

（2）自动变速器油液油质检查

抽出油标尺，首先观察是否已变色，再用手指捻一捻油尺上的变速器液，感觉一下黏度是否适度，然后闻一闻是否有烧焦的气味。

（3）更换自动变速器油液

放油前，应将变速器预热到工作温度，以便降低油的黏度，确保油内的杂质和沉淀物能随油一起排出。在预热和加油过程中，汽车应停放在水平地面，并拉紧驻车制动杆。放完油后，视情况拆下机油盘，彻底清洗机油盘和过滤器滤网，然后再将机油盘装好。加油时，先从加油口注入工作液达到规定的标准，起动发动机，在发动机怠速运转的情况下，移动选挡杆经所有的挡位后回到“P”位，这样可使变速器迅速地热起，然后再加油。

2. 检查空调

（1）制冷剂量检查。

操作规程如下。

① 把所有门窗全部打开，然后将发动机提速到 1 500r/min。

② 通过空调控制面板，把风扇转速选择器旋转到高位“HI”，然后再将 A/C 开关打到“ON”，如图 6-28 所示。

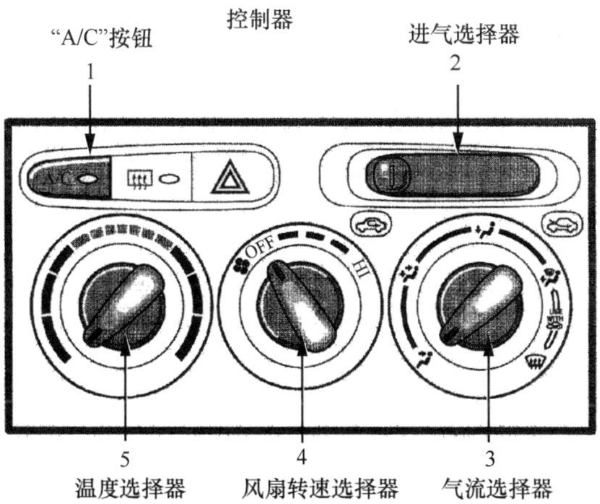

图 6-28　空调控制面板示意图

③ 检查制冷情况是否良好。

④ 通过观察窗检查制冷剂量，如图 6-29 所示。

（2）制冷剂泄漏检查。

操作规程如下。

使用气体泄漏测试仪检查管道、压缩机轴封等部位是否有制冷剂泄漏，如图 6-30 所示。

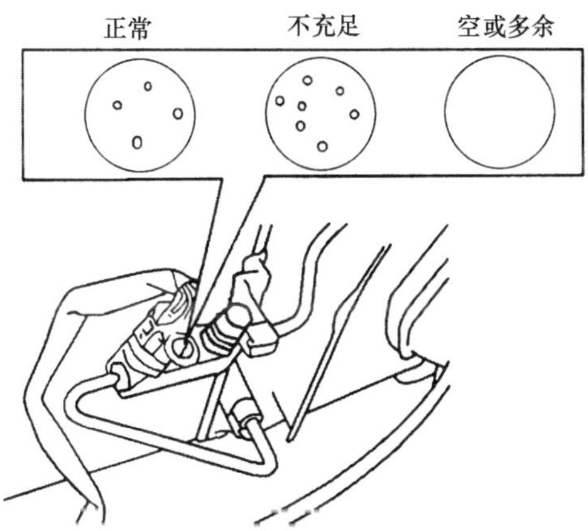

图 6-29　通过观察窗检查制冷剂量示意图

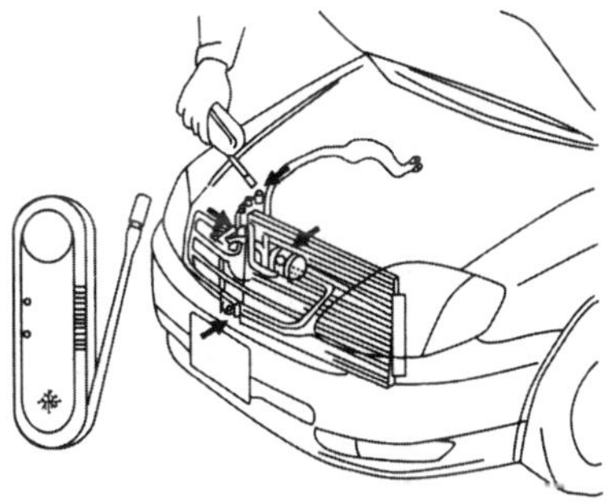

图 6-30　使用气体泄漏测试仪检查制冷剂泄漏示意图

3. 检查动力转向液液面高度

（1）动力转向液液面的检查。

操作规程如下。

① 起动发动机，使发动机怠速运转。

② 在保持车辆原地不动时左右转动转向盘数次，使动力转向液温度上升到 40℃～80℃，

然后把转向盘转回中间位置，如图 6-31 所示。

③ 检查发动机怠速时的动力转向液液面。

④ 检查发动机停机后的动力转向液液面，比较发动机怠速时的动力转向液液面与发动机停机后的动力转向液液面落差值。一般落差小于 5mm 为正常，视具体车型而定，如图 6-32 所示。

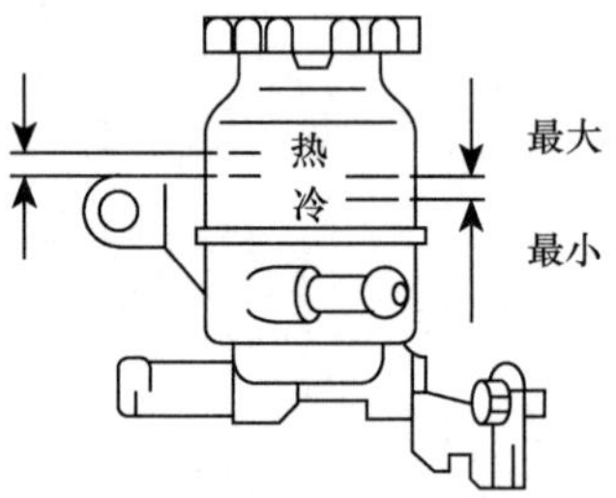

图 6-31　温度不同动力转向液面高度示意图

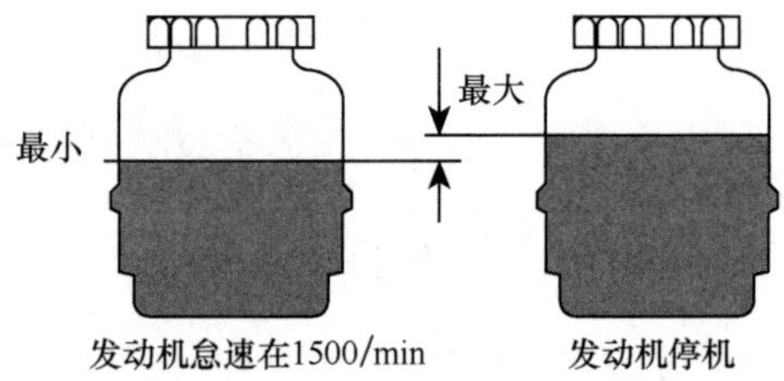

图 6-32　发动机怠速运转发动机停机液面高度示意图

（2）动力转向液渗漏检查。

操作规程如下。

目测检查转向油储液罐、转向油管路周围是否有动力转向液渗漏现象，如图 6-33 所示。

提示：动力转向液最好不要与其他油液混用，因为每种油液的密度和黏度都不一样，混用容易造成转向器故障，所以应选用规定的动转向液。

4. 检查发动机机油液位

操作规程如下。

抽出机油尺，目测检查机油尺上的机油高度是否在最高位与最低位之间，如图 6-34 所示。

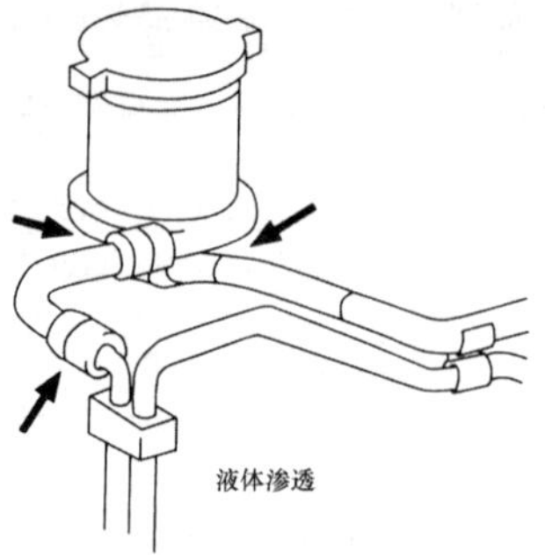

图 6-33　动力转向系统泄漏示意图

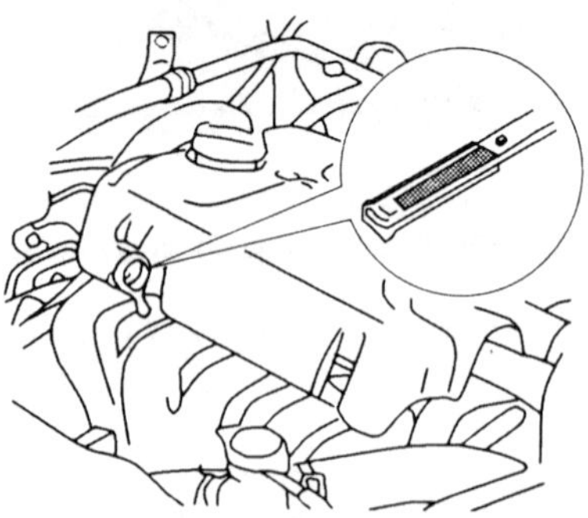

图 6-34　检查发动机机油液位示意图

5. 检查燃油滤清器

操作规程如下。

（1）目测检查燃油滤清器周围是否有渗漏现象。

（2）如果有渗漏，更换燃油滤清器。

提示：许多汽车的燃油滤清器采用了鼓形管连接。为了保证连接密封的可靠性，切不可反复使用同一密封垫。另外，即使采用全新的密封垫，也必须检验其连接紧固后的密封性。当燃油系统需要更换“O”形圈时，必须要确保该“O”形圈规格型号准确无误，并检验该圈的弹性和硬度是否合适。

四、发动机暖机后（和运行）的检查工作考核（40 分）

发动机暖机后（和运行）的检查工作考核表如表 6-8 所示。

表 6–8　　发动机暖机后（和运行）的检查工作考核表

作业顺序	考核项目	配分	作业说明	得分
		动力转向液		
1	测量液位	8	用直尺测量液位高度，并报出液位高度	
2	检查是否有液体泄漏	2	用手指向检查部位，目测检查并报出转向液储液罐外围及相关管路是否泄漏	
		空调		
3	检查制冷剂量（从观察窗检查）	10	打开 A/C 开关，发动机转速为 1500r/min，且鼓风机速度处于“高位”，检查并报出空调是否良好	
		发动机机油		
4	检查发动机油位（不必预热，按照当时温度）	5	拔出机油尺，目测检查并报出机油液位是否正常	
		燃油滤清器		
5	检查燃油滤清器是否渗漏	5	燃油滤清器周围应没有渗漏现象	

指导教师签名：　　　　　　总分：

五、“项目单元三　发动机暖机后（和运行）的检查工作”项目综合考核成绩统计

“项目单元三　发动机暖机后（和运行）的检查工作”项目综合考核成绩统计表如表 6-9 所示。

表 6-9　“项目单元三　发动机暖机后（和运行）的检查工作”项目综合考核成绩统计表

考核教师签字：____________

序号	考核内容	配分	评分标准	考核记录	扣分	得分
1	发动机暖机后（和运行）的检查工作项目理论知识考核	20	能完成所有题目，错漏一题扣 1 分			
2	发动机暖机后（和运行）的检查工作项目实践考核	40	能完成所有项目			
3	发动机暖机后（和运行）的检查工作项目考核	40	所有项目考核合格			
合计		100				

项目七 7 复查工作

项目单元 复查工作

学习目的

1．知识要点

① 了解复查工作的作用。

② 了解复查工作的工作内容和技术要求。

2．技能要点

掌握复查工作的方法和技术要求。

复查工作要求车辆被举升到图 7-1 所示的位置。

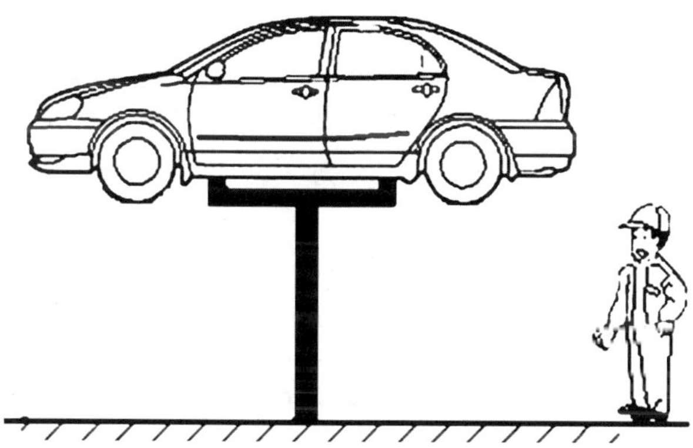

图 7-1　复查工作车辆举升位置示意图

一、复查工作的检查内容

（1）发动机机油泄漏的复查。

（2）制动器油液泄漏的复查。

（3）其他更换件的复查。

二、理论知识题（10分）

（1）在本次维护工作中，你更换了哪些零部件及损耗品（如机油等）？

（2）你认为在用举升机举升车辆过程中，需要注意哪些事项？

三、实践操作题

按照复查工作的操作规程进行操作。完成各项操作后，在复查工作项目学生自我考核评价表的检查情况栏内打勾或记录检查数据，在自我评价栏内打勾，在学生自评成绩栏内作学生自评成绩，如表7-1所示。

表7-1　复查工作项目学生自我考核评价表

维护项目作业顺序及项目作业确认、自我评价和学生自评成绩				
复查工作				
序号	检查部位	检查项目	检查情况	自我评价
1	渗漏检查	发动机机油泄漏	无泄漏	会　否
		制动器油液泄漏	无泄漏	会　否
2	安装状况检查	更换零件等的安装状况	已紧固	会　否
学生自评成绩				

复查工作操作规程如下。

（1）发动机机油泄漏的复查：用手指向检查部位，目测检查机油是否泄漏。

（2）制动器油液泄漏的复查：用手指向检查部位，目测检查制动器、制动管周围是否有油液泄漏。

（3）其他更换件的复查：检查在维护过程中所更换的零部件是否已紧固。如排放塞、机油滤清器等需用扭力扳手以特定扭矩检查其是否已拧紧。

四、复查工作项目考核（40 分）

复查工作项目考核表如表 7-2 所示。

表 7–2　　复查工作项目考核表

作业顺序	考核项目	配分	作业说明	得分
1	发动机机油泄漏	10	用手指向检查部位，目测检查并报出机油是否泄漏	
2	制动器油液泄漏	10	用手指向检查部位，目测检查并报出制动器周围是否有油液泄漏	
3	更换零件等的安装状况	20	用套筒进行紧固检查，并报出排放塞等是否已紧固	

指导教师签名：　　　　总分：

五、“项目单元　复查工作”项目综合考核成绩统计

“项目单元　复查工作”项目综合考核成绩统计表如表 7-3 所示。

表 7–3　　“项目单元　复查工作”项目综合考核成绩统计表

考核教师签字：____________

序号	考核内容	配分	评分标准	考核记录	扣分	得分
1	复查工作项目理论知识考核	20	能完成所有题目错漏一题扣 1 分			
2	复查工作项目实践考核	40	能完成所有项目			
3	复查工作项目考核	40	所有项目考核合格			
合计		100				

项目八 8 恢复清洁

项目单元 恢复清洁

学习目的

1．知识要点

① 了解恢复清洁的作用。

② 了解恢复清洁的工作内容和技术要求。

2．技能要点

掌握恢复清洁的方法和技术要求。

恢复清洁工作要求车辆被举升到图 8-1 所示的位置。

图 8-1　恢复清洁工作车辆举升位置示意图

一、恢复清洁工作内容

（1）拆卸翼子板布和前格栅布。

（2）清洁烟灰缸。

（3）调试时钟。

（4）调试后视镜。

（5）清洁车身。

（6）拆卸座椅护套、地毯和转向盘护套。

二、理论知识题（20 分）

（1）对客户的车辆进行恢复清洁工作，有什么重要性？

（2）你认为除了以上的恢复清洁工作外，还应帮助客户做哪些工作？

三、实践操作题（40 分）

按照恢复清洁工作的操作规程进行操作。完成各项操作后，在恢复清洁工作项目学牛自我考核评价表的检查情况栏内打勾或记录检查数据，在自我评价栏内打勾，在学生自评成绩栏内作学生自评成绩，如表 8-1 所示。

表 8-1　　恢复清洁工作项目学生自我考核评价表

维护项目作业顺序及项目作业确认、自我评价和学生自评成绩				
恢复清洁工作				
序号	检查部位	检查项目	检查情况	自我评价
1	恢复清洁	拆卸翼子板布和前格栅布	拆卸翼子板布和前格栅布后，折叠整齐	会　否
		清洁车身、车身内部、烟灰缸等	保持车身、车身内部、烟灰缸等的清洁	会　否
		调试收音机、调试钟表等	准确调试	会　否
		调试后视镜	大致调试	会　否
		用干净毛巾擦拭车身，特别是经常接触的部位应擦拭干净	认真擦拭	会　否
		拆卸座椅护套、地毯和转向盘护套	不得遗漏	会　否
学生自评成绩：				

恢复清洁操作规程如下。

（1）拆卸翼子板布和前格栅布。

（2）清洁烟灰缸，并把客户车内物品摆回原来位置，直至干净整齐为止，如图 8-2 所示。

（3）调试时钟，如图 8-3 所示。

图 8-2　点烟器和烟灰缸位置示意图

图 8-3　时钟示意图

（4）调试后视镜，如图 8-4 所示。

（5）用干净毛巾擦拭车身，特别是经常接触的部位应擦拭干净。必要时帮客户清洗车辆。

（6）拆卸座椅护套、地毯和转向盘护套。

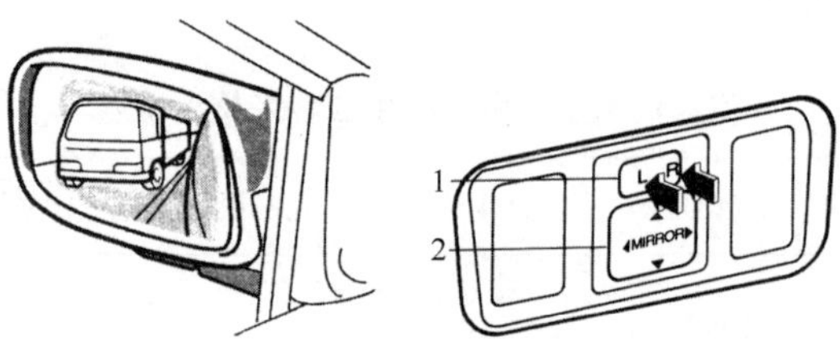

图 8-4　调试后视镜示意图

四、恢复清洁工作项目考核（40 分）

恢复清洁工作项目考核表如表 8-2 所示。

表 8-2　恢复清洁工作项目考核表

作业顺序	考核项目	配分	作业说明	得分
1	拆卸翼子板布和前格栅布	6	拆卸翼子板布和前格栅布后，折叠整齐	
2	清洁车身、车身内部、烟灰缸等	7	保持车身、车身内部、烟灰缸等的清洁	
3	调试收音机、调试钟表等	7	准确调试	

续表

作业顺序	考核项目	配分	作业说明	得分
4	调试后视镜	7	大致调试	
5	用干净毛巾擦拭车身，特别是经常接触的部位，擦拭干净	7	认真擦拭	
6	拆卸座椅护套、地毯和转向盘护套	6	不得遗漏	

指导教师签名： 总分：

五、“项目单元　恢复清洁”项目综合考核成绩统计

“项目单元　恢复清洁”项目综合考核成绩统计表如表 8-3 所示。

表 8-3　“项目单元　恢复清洁”项目综合考核成绩统计表

考核教师签字：____________

序号	考核内容	配分	评分标准	考核记录	扣分	得分
1	恢复清洁项目理论知识考核	20	能完成所有题目，错漏一题扣 1 分			
2	恢复清洁项目实践考核	40	能完成所有项目			
3	恢复清洁项目考核	40	所有项目考核合格			
合计		100				

项目九 9 道路检测（选修章节）

项目单元 道路检测

学习目的

1．知识要点

① 了解道路检测的作用。

② 了解道路检测的工作内容和技术要求。

2．技能要点

掌握道路检测的方法和技术要求。

一、道路检测的工作内容

（1）检查制动系统。

（2）检查离合器系统。

（3）检查转向系统。

（4）检查自动变速器系统。

（5）检查其他装置。

二、理论知识题（20 分）

1．问答题（10 分）

（1）道路检测对试验场地有哪些要求？

（2）对制动系统中的行车制动器有哪些要求？

2. 判断题（10 分）

（1）对驻车制动杆进行道路检测时，为了安全，应将车辆停放于水平地面。（ ）

（2）在道路检测过程中，发现在笔直水平道路行驶，车辆会轻微偏向一侧，这是正常现象。（ ）

（3）在做离合器道路检测过程中，当换到第一挡，并在车辆开始移动时，离合器啮合平稳并在加速时没有滑动，这是正常现象。

（ ）

三、实践操作题（40 分）

按照道路检测的操作规程进行操作。完成各项操作后，在道路检测的工作项目学生自我考核评价表的检查情况栏内打勾或记录检查数据，在自我评价栏内打勾，在学生自评成绩栏内作学生自评成绩，如表 9-1 所示。

表 9–1 道路检测的工作项目学生自我考核评价表

维护项目作业顺序及项目作业确认、自我评价和学生自评成绩				
定期保养项目（道路检测）				
序号	检查部位	检查项目	检查情况	备 注
1	行车制动器检查	制动器功能和两侧拉力	制动器功能应良好	会 否
		制动器噪声	制动器没有尖叫声	会 否
		制动器踏板行程余量	制动器踏板应有足够的行程余量	会 否
		振动或踏板松软	应无振动或踏板松软的异常现象	会 否
		发抖	应无发抖现象	会 否
2	驻车制动器检查	驻车效能	仅使用驻车制动器时，车辆能够停留在斜坡上	会 否

续表

维护项目作业顺序及项目作业确认、自我评价和学生自评成绩				
定期保养项目（道路检测）				
序号	检查部位	检查项目	检查情况	备　注
3	离合器系统	离合器效能	换到第一挡并检查在车辆开始移动时离合器应啮合平稳且在加速时没有滑动	会　否
		噪声或振动	在踏板踩下时没有不正常噪声或振动	会　否
4	转向系统	转向系统效能	当车轮笔直向前时转向盘应在适当位置	会　否
		侧偏与自动回位	车辆应无侧偏，且转向盘能自动回位	会　否
		发飘、摇振、颤振等	应无发飘、摇振、颤振等现象	会　否
5	自动变速器系统	自动换高挡和低挡效能	变速器能自动换高挡和低挡	会　否
		振动、冲击或打滑	应没有振动、冲击或打滑现象	会　否
		振动和异常噪声	应无振动和异常噪声	会　否
6	其他装置	发动机振动和不正常噪声	应无振动和不正常噪声现象	会　否
		传动系统振动和不正常噪声		会　否
		悬架系统振动和不正常噪声		会　否
		转向系统振动和不正常噪声		会　否
		制动系统振动和不正常噪声		会　否
		车身振动和不正常噪声		会　否
学生自评成绩：				

1. 制动系统检查

（1）检查行车制动器，操作规程如图 9-1 所示。

① 根据施加在制动器踏板上的力，检查制动器功能，并确认两侧是否都没有拉力。

② 检查制动器是否有尖叫声。

③ 检查制动器踏板是否有足够的行程余量。

④ 检查类似振动或踏板松软的异常现象。

⑤ 检查在松开驻车制动杆时是否有结合发抖。

图 9-1 行车制动器检查示意图

（2）驻车制动器检查

检查仅使用驻车制动器时，车辆是否能够停留在斜坡上，如图 9-2 所示。

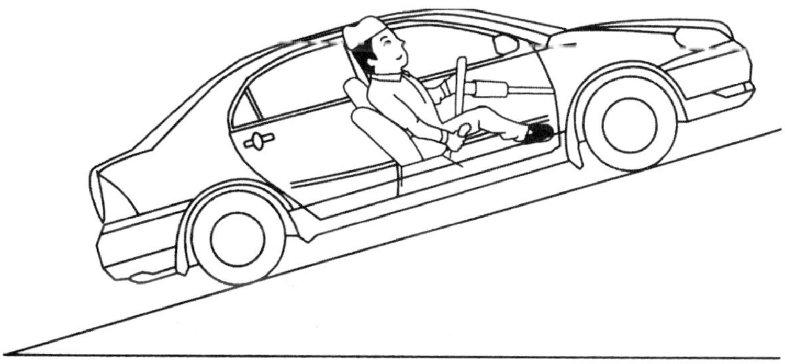

图 9-2 驻车制动器检查示意图

2. 离合器系统检查

操作规程如图 9-3 所示。

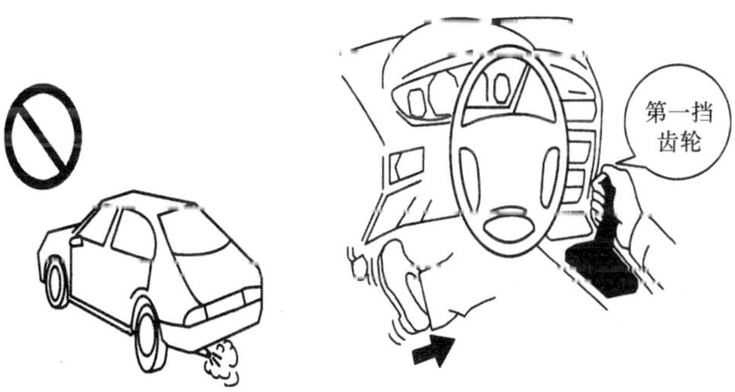

图 9-3 离合器系统检查示意图

（1）换到第一挡，并检查在车辆开始移动时离合器是否啮合平稳并在加速时没有滑动。

（2）检查在踏板踩下时是否有不正常噪声或振动。

3. 转向系统检查

操作规程如下。

（1）检查当车轮笔直向前时转向盘是否在适当位置，如图9-4所示。

（2）检查转向盘不偏向一侧。检查应该没有异常噪声和结合发抖，而且转向操作方便并能自然回复到原始位置，如图9-5所示。

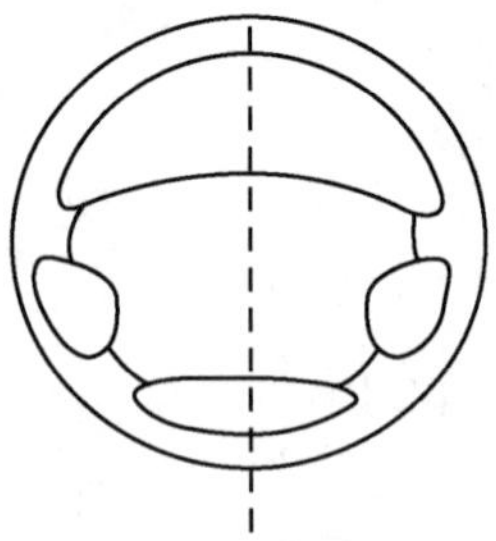

图9-4 车轮笔直时转向盘位置示意图

图9-5 检查转向盘不偏向一侧示意图

（3）检查转向时转向盘不发飘、不摇振、不颤振等，如图9-6和图9-7所示。

图9-6 检查转向盘抖动示意图

图9-7 检查转向盘不发飘、不颤振示意图

4. 自动变速器系统检查

操作规程，如图 9-8 所示。

（1）检查在“2”挡或“D”挡内行驶时，变速器是否能自动换高挡和低挡。

（2）检查在正常驾驶、齿轮变换、启动时，是否有振动、冲击或打滑现象。

（3）检查在正常驾驶、齿轮变换、启动时，是否有振动和异常噪声。

图 9-8 自动变速器系统检查示意图

5. 检查其他装置

操作规程如图 9-9 所示。

（1）检查发动机是否有振动和不正常噪声。

（2）检查传动链是否有振动和不正常噪声。

（3）检查悬架系统是否有振动和不正常噪声。

（4）检查转向系统是否有振动和不正常噪声。

（5）检查制动系统是否有振动和不正常噪声。

（6）检查车身是否有振动和不正常噪声。

图 9-9 其他装置检查示意图

四、道路检测项目考核（40 分）

道路检测项目考核表如表 9-2 所示。

表 9-2　　道路检测项目考核表

作业顺序	考核项目	配分	技术说明	得分
行车制动器检查				
1	制动器功能和两侧拉力	2	根据施加在制动器踏板上的力检查制动器功能，并确认两侧是否都没有拉力	
2	制动器噪声	2	制动器是否有尖叫声	
3	制动器踏板行程余量	3	用脚感觉制动器踏板是否有足够的行程余量	
4	振动或踏板松软	2	检测是否有类似振动或踏板松软的异常现象	
5	发抖	2	在松开驻车制动杆时是否有结合发抖	
驻车制动器检查				
6	驻车效能	5	仅使用驻车制动器时，车辆是否能够停留在斜坡上	
离合器系统				
7	离合器效能	2	换到第一挡，并检查在车辆开始移动时离合器是否啮合平稳且在加速时没有滑动	
8	噪声或振动	2	在踏板踩下时是否有不正常噪声或振动	
转向系统				
9	转向系统效能	2	检查当车轮笔直向前时转向盘是否在适当位置	
10	侧偏与自动回位	3	检查转向盘是否偏向一侧。检查应该没有异常噪声和结合发抖，而且转向操作方便并能自动回复到原始位置	
11	发飘、摇振、颤振等	2	检查转向时不发飘、不摇振、不颤振等	
自动变速器系统				
12	自动换高挡和低挡效能	2	检查在“2”挡或“D”挡内行驶时，变速器是否能自动换高挡和低挡	
13	振动、冲击或打滑	2	检查在正常驾驶、齿轮变换、启动时，是否有振动、冲击或打滑现象	
14	振动和异常噪声	2	检查在正常驾驶、齿轮变换、启动时，是否有振动和异常噪声	
其他装置				
15	发动机振动和不正常噪声	1	检查当车辆在这些装置工作时有无振动和不正常噪声	
16	传动系统振动和不正常噪声	1		
17	悬架系统振动和不正常噪声	1		

续表

作业顺序	考核项目	配分	技术说明	得分
其他装置				
18	转向系统振动和不正常噪声	1		
19	制动系统振动和不正常噪声	1		
20	车身振动和不正常噪声	1		
21	发动机振动和不正常噪声	1		

指导教师签名： 总分：

五、“项目单元　道路检测”项目综合考核成绩统计

“项目单元　道路检测”项目综合考核成绩统计表如表 9-3 所示。

表 9–3　“项目单元　道路检测”项目综合考核成绩统计表

考核教师签字：__________

序号	考核内容	配分	评分标准	考核记录	扣分	得分
1	道路检测项目理论知识考核	20	能完成所有题目，错漏一题扣 1 分			
2	道路检测项目实践考核	40	能完成所有项目			
3	道路检测项目考核	40	所有项目考核合格			
合计		100				

综合成绩统计

综合成绩统计表

项目一 汽车维护知识 5%		项目二　定期维护项目之车身检查 35%								项目三 定期维护项目之汽车底部检查 15%		项目四 车轮轴承、轮胎和制动器检查 20%	项目五 制动器拖滞检查和车轮安装 5%	项目六　发动机室的检查 15%			项目七 复查工作 2%	项目八 恢复清洁 3%	项目九 道路检测（选修章节）	总分
项目单元一 2%	项目单元二 3%	项目单元一 2%	项目单元二 2%	项目单元三 6%	项目单元四 6%	项目单元五 5%	项目单元六 2%	项目单元七 2%	项目单元八 10%	项目单元一 7%	项目单元二 8%	项目单元 20%	项目单元 5%	项目单元一 5%	项目单元二 5%	项目单元三 5%	项目单元 2%	项目单元 3%	项目单元	

考核教师签字：